प्रतिनिधि कविताएँ

सूर्यकान्त त्रिपाठी 'निराला'

सम्पादक

विवेक निराला

राजकमल पेपरबैक्स

राजकमल पेपरबैक्स में
पहला संस्करण : 2021
तीसरा संस्करण : 2025

राजकमल पेपरबैक्स : उत्कृष्ट साहित्य के जनसुलभ संस्करण

राजकमल प्रकाशन प्रा.लि.
1-बी, नेताजी सुभाष मार्ग, दरियागंज
नई दिल्ली-110 002
द्वारा प्रकाशित

शाखाएँ : अशोक राजपथ, साइंस कॉलेज के सामने, पटना-800 006
पहली मंजिल, दरबारी बिल्डिंग, महात्मा गांधी मार्ग, प्रयागराज-211 001
1, अनमोल सोराबजी संतुक लेन, धोबी तलाव, मरीन लाइंस, मुम्बई-400 002
वेबसाइट : www.rajkamalprakashan.com
ई-मेल : info@rajkamalprakashan.com

बी.के. ऑफसेट
नवीन शाहदरा, दिल्ली-110 032
द्वारा मुद्रित

मूल्य : ₹ 199

PRATINIDHI KAVITAYEN
Representative Poems of Suryakant Tripathi 'Nirala'

ISBN : 978-93-90971-69-5

सूर्यकान्त त्रिपाठी 'निराला'

निराला का जन्म 1896 की वसन्त पंचमी को बंगाल के मेदिनीपुर ज़िले के महिषादल नामक देशी राज्य में हुआ। मूल निवास उत्तर प्रदेश के उन्नाव ज़िले के गढ़ा कोला गाँव में। शिक्षा हाईस्कूल तक ही हो पाई। हिन्दी, बांग्ला, अंग्रेज़ी और संस्कृत का ज्ञान आपने अपने अध्यवसाय से स्वतंत्र रूप में अर्जित किया।

प्राय: 1918 से 1922 ई. तक निराला महिषादल राज्य की सेवा में रहे, उसके बाद से सम्पादन, स्वतंत्र लेखन और अनुवाद-कार्य। 1922-23 ई. में 'समन्वय' (कलकत्ता) का सम्पादन। 1923 ई. के अगस्त से 'मतवाला' मंडल में। कलकत्ता छोड़ा तो लखनऊ आए, जहाँ गंगा पुस्तकमाला कार्यालय और वहाँ से निकलनेवाली मासिक पत्रिका 'सुधा' से 1935 ई. के मध्य तक सम्बद्ध रहे। प्राय: 1940 ई. तक लखनऊ में। 1942-43 ई. से स्थायी रूप से इलाहाबाद में रहकर मृत्यु-पर्यन्त स्वतंत्र लेखन और अनुवाद-कार्य। पहली प्रकाशित कविता : 'जन्मभूमि' ('प्रभा', मासिक, कानपुर, जून, 1920)। पहली प्रकाशित पुस्तक : 'अनामिका' (1923 ई.)।

प्रमुख कृतियाँ : *आराधना, गीतिका, अपरा, परिमल, गीतगुंज, तुलसीदास, कुकुरमुत्ता, बेला, अर्चना, नए पत्ते, अणिमा, सांध्य काकली, असंकलित रचनाएँ* (कविता-संग्रह); *बिल्लेसुर बकरिहा, अप्सरा, अलका, कुल्लीभाट, प्रभावती, निरुपमा, चोटी की पकड़, भक्त ध्रुव, भक्त प्रहलाद, महाराणा प्रताप, भीष्म पितामह, चमेली, काले कारनामे, इन्दुलेखा* (अपूर्ण) (उपन्यास); *सुकुल की बीवी, लिली, चतुरी चमार, महाभारत, सम्पूर्ण कहानियाँ* (कहानी-संग्रह); *प्रबन्ध प्रतिमा, प्रबन्ध पद्म, चयन, चाबुक, संग्रह* (निबन्ध-संग्रह); *राग-विराग, दो शरण, निराला संचयन, निराला रचनावली* (आठ खंडों में) (संचयन)।

निधन : 15 अक्टूबर, 1961

यह जागा कवि अशेष-छविधर

निराला की कविता में आधुनिकता-बोध, प्रगतिशीलता और स्वाधीन चेतना अपनी पूरी प्रखरता के साथ मौजूद है। आधुनिकता सहज प्रक्रिया में एक सीमा तक स्वयं मूल्य बनकर जड़ हो चुके प्रतिमानों को ध्वस्त कर देती है, इसलिए निराला की कविता भी अपने समय के काव्य-प्रतिमानों के पार जा खड़ी होती है। परम्परा के साथ रहकर उसकी अन्तर्क्रिया से ही निराला आधुनिकता की सृष्टि करते हैं। निराला का नवता-आग्रही कवि-मन सिर्फ़ अपने लिए ही नहीं वरन् समस्त भारतीय काव्य-संसार के लिए माँग करता है—

नव गति, नव लय, ताल-छन्द नव,
नवल कण्ठ, नव जलद-मन्द्र रव,
नव नभ के नव विहग-वृन्द को
नव पर, नव स्वर दे!

निराला जिस नवता के आग्रही हैं, वह नवता परम्परा के भीतर से ही विकसित होती है जिसकी जड़ें गहरे जमीं हैं, इसलिए परम्परा रूढ़ि नहीं बन पाती और नवता आधारहीन नहीं रह जाती है। इसलिए निराला नवीनता को जितने नए आशय प्रदान करते हैं, उतने ही नए प्रयोग भी करते हैं।

निराला के संघर्ष जितने कठिन थे हिन्दी को निराला का दाय भी उतना ही बड़ा है। निराला कई मोर्चों पर एक साथ संघर्ष कर रहे थे। रूढ़िभंजक निराला के समक्ष रूढ़िवादी साहित्यकारों का एक पूरा दल मौजूद था जो उन पर संगठित रूप से हमलावर था। निराला की कविताओं में जगह-जगह इसके दुःख वर्णित हैं। 'सरोज-स्मृति' में निराला लिखते हैं—'एक साथ जब शत घात घूर्ण/आते थे मुझ पर तुले तूर्ण /देखता रहा मैं खड़ा अपल/

वह शर-क्षेप, वह रण-कौशल।' निराला ने इसे 'हिन्दी के स्नेहोपहार' की तरह ग्रहण किया। साहित्य से इतर वैयक्तिक जीवन में भी दुश्वारियाँ कम न थीं। आज हिन्दी के परिसर में निराला की विशाल प्रतिमा स्थापित हो चुकी है। अपनी विराटता के अनुकूल पूज्य भी। किन्तु, इस प्रतिमा की गढ़न में विरोध की छेनी और संघर्षों के हथौड़ों की कितनी ही चोटों के गहरे निशान भी अंकित हैं।

अभाव निराला का स्थायी भाव था। तीन वर्ष की उम्र में माता का और बीस वर्ष की आयु तक पिता का साया सिर से जाता रहा। प्रथम विश्वयुद्ध के बाद 1918 के स्पेनिश फ़्लू में सिर्फ़ निराला जी की पत्नी मनोहरा देवी की ही मृत्यु नहीं हुई बल्कि कई स्वजन और परिजन मृत्यु को प्राप्त हुए। अपने दोनों बच्चों सहित कई भतीजों आदि का बोझ कन्धों पर आ पड़ा। 'आर्थिक पथ पर अनर्थ' सामने थे इसलिए 'स्वार्थ-समर' हारना ही था। क्षीण का अन्न कभी न छीनने की प्रतिज्ञा ने 'स्वार्थ-समर' में हारते रहने की नियति निश्चित कर दी थी। अभावों का होना कोई बड़ी बात नहीं, खास बात है इन अभावों के बावजूद संघर्ष का साहस और समझौताविहीन जीवन। निराला झुके नहीं। निराला के लिए साहित्य और जीवन में कोई विरोध न था। कथनी और करनी का अभेद ही उन्हें हिन्दी-साहित्य परम्परा में विशिष्ट बनाता है।

निराला का कवि-विकास एकरैखिक या सपाट नहीं है, उसमें कई घुमाव हैं, उसके कई स्तर हैं। एक ही समय में भिन्न प्रकार की कविताओं के साथ कवि अपने पाठकों और आलोचकों के समक्ष चुनौती देता खड़ा हो जाता है। एक ही दौर में अलग भाव-बोध, अलग विषय-भूमि और अलग शिल्प-प्रयोग निराला की संश्लिष्ट काव्य-संवेदना का पता तो देते ही हैं। निराला छायावाद के दौर में भी यथार्थवादी कविताएँ और प्रगतिवाद के दौर में भी छायावादी गीत रच सकते हैं। उनके गीत यथार्थ को प्रस्तुत करती कविता में और कविताएँ मधुरतम गीतों में परिणत हो सकती हैं। निराला ऐसे कवि हैं जिनमें एक तरफ तो क्लासिकी परम्परा के दर्शन होते हैं वहीं दूसरी ओर एकदम अपने आस-पास के परिवेश के और जनधर्मिता की कविता के। निराला का विद्रोह महज भावनात्मक उफान नहीं है, बल्कि वह तो जीवन और सामाजिक सम्बन्धों की बेहतर समझ और उससे बनी मानसिक चेतना

से उत्पन्न है। नवीनता के अपने आग्रहों के बावजूद निराला किसी भी विचार या मूल्य को अनालोचनात्मक ढंग से स्वीकार नहीं करते। छायावाद के दौर और दायरे में रहकर भी कवि छायावाद का अतिक्रमण करता है, कविता की नई ज़मीन तलाशता है, समाजवाद तक पहुँचता है, बिना घोषणा किए नई राहों का अन्वेषण करता है, आगे आने वालों को राह दिखाता है और खुद इन सबसे गुजरकर नई-नई उपलब्धियाँ हासिल करता है।

अपने 'साहित्य और जनता' शीर्षक लेख में निराला लिखते हैं—'हमें अच्छी तरह मालूम है, हमारे निन्यानवे फ़ीसदी साहित्यिकों को और सौ फ़ीसदी जनता को भगवान श्रीरामचन्द्र पर, उनके जन्म-कर्मादि पर पूरा-पूरा विश्वास है। अत: आज यदि राम के विरोध में कोई प्रासंगिक बात भी कही जाय तो जनता उसे सुनने को तैयार नहीं। साहित्यिकों में केवल सुनने का धैर्य है, मत बदलने की शक्ति नहीं। यह अवश्य ही युगों की संचित साहित्य-शक्ति का ही दौर्बल्य है।' एक रचनाकार के रूप में वे हकीकत को समझकर यह कह रहे हैं कि अभी 'मत बदलने' की शक्ति नहीं। निराला के राम ईश्वर नहीं, मनुष्य हैं। निराला के औपनिवेशिक समय के मनुष्य की तरह संशय से भरे हुए। पौराणिक राम को क्या सचमुच 'शक्ति की मौलिक कल्पना' करनी पड़ी होगी? क्या राम निराला की मौलिकता के बिना सिर्फ़ तुलसी के समन्वयवाद के सहारे 'पुरुषोत्तम नवीन' हो सकते थे? क्या बिना निराला की मौलिकता के महज़ वेदान्ती संस्कारों के सहारे 'शक्ति-पूजा' का 'दिग्विजय-अर्थ-प्रतिपल समर्थ बढ़ता समक्ष'—हनुमान 'बिल्लेसुर बकरिहा' में 'थूथन लिये खड़ा सिर्फ़ एक पत्थर' हो सकता था? निराला मिथक को सहज ही मनुष्य में बदलने की सामर्थ्य के कवि भी हैं।

निराला का मन अवध के किसान का मन है। किसान संस्कारों वाले कवि ने अपने गाँव में किसान-ज़मींदार संघर्ष में किसानों की पक्षधरता की थी। अपने इन्हीं अनुभवों की आँच में सीझी कविताओं के साथ हमें किसान कवि के दर्शन होते हैं। 1924 में ही किसान और विप्लवी वीर के सम्बन्ध में उन्होंने 'बादल राग' जैसी कविता लिख दी थी। भारतीय किसान अपनी खेती के लिए वर्षा पर निर्भर रहता है। निराला की कविताओं में बादल और पावस खूब है। निराला अपनी 'वीणावादिनि' को भी तब ऐसी 'देवी सरस्वती'

में परिणत कर देते हैं जो ऋतुओं की देवी हैं। ग्राम्य जीवन और भारतीय किसान पर ऋतुओं के प्रभाव की यह कविता कला की देवी सरस्वती के परम्परित रूप को विस्तार देकर सृजन की देवी के रूप में चित्रित करती है। सरस्वती का सम्बन्ध वसन्त ऋतु से है और वसन्त नवता की, नव-सर्जना की ऋतु है। भारतीय किसान का सम्पूर्ण जीवन इन ऋतुओं से ही संचालित होता है। सरस्वती को कवि ग्रामीण जीवन की देवी के रूप में रूपान्तरित कर देता है। निराला किसान को एक बड़ा सर्जक मानते हैं जो अपने श्रम और समर्पण से सृष्टि के लिए अन्न का सृजन करता है इसलिए किसानों की दुर्दशा को बार-बार चित्रित करते हुए निराला 'बैंक किसानों का खुलवाओ' जैसी माँग भी करते हैं।

निराला काव्य का एक बड़ा हिस्सा स्वाधीनता आन्दोलन के दौर में लिखा गया और दूसरा स्वतंत्रता के बाद। स्वाधीनता आन्दोलन के समय भारतीय समाज की स्थितियाँ थोड़ी भिन्न थीं जबकि स्वतंत्रता के बाद भारतीय समाज में एक दूसरे किस्म का यथार्थ था। स्वाधीनता आन्दोलन के दौर में 'मुक्ति' एक मानव-मूल्य की तरह चेतना का हिस्सा बन रही थी। निराला की कविता मनुष्य की मुक्ति की कविता है। निराला ने मनुष्य की मुक्ति की तरह कविता की मुक्ति की अवधारणा प्रस्तुत की। हिन्दी की जड़ीभूत अभिरुचि के काव्य-रसिकों के लिए 'बन्धनमय छन्दों की छोटी राह' से मुक्त कविताओं को स्वीकार कर पाना आसान न था। अपने नये 'मुक्त-छन्द' में नई संवेदना का प्रवेश कर निराला ने हिन्दी कविता को वास्तविक अर्थों में आधुनिकता प्रदान की।

राजनीति हमारे सामाजिक जीवन को नियंत्रित करती है और हमारा अन्तर्जगत भी सामाजिक जीवन का ही परावर्तन है। हर सौन्दर्यशास्त्रीय मूल्य और अवस्थिति के पीछे वर्गीय राजनीति के सुनिश्चित मूल्य और उनकी सुनिश्चित अवस्थिति है। राजनीति ने क्रमश: समाज में निर्णायक केन्द्रीयता हासिल कर ली है और वह प्रभुत्व का सबसे प्रभावी उपकरण बन गया है। समूची समाजनीति अब राजनीति के इर्द-गिर्द घूमने लगी है। सामाजिक यथार्थ के समकालीन विन्यास में राजनीति की उपस्थिति लगभग सर्वव्यापी किस्म की है। मार्क्सवादी दृष्टि से यदि देखें तो हर राजनीतिक कविता किसी

न किसी रूप में प्रतिरोध की कविता होती है। निराला की तमाम कविताओं को राजनैतिक कविता कहा जा सकता है। इन कविताओं में जहाँ स्वाधीनता आन्दोलन के दौरान नेहरू और गांधी की राजनीति, कांग्रेस की नीतियों तथा सामन्ती ज़मींदारों एवं पूँजीपतियों से गठजोड़ पर तीखी टिप्पणियाँ हैं वहीं स्वाधीन भारत में जन-आकांक्षाओं के पूरे न होने का आक्रोश भी, जो प्राय: व्यंग्य की शक्ल में सामने आता है। 1946 के बाद निराला मौन हो जाते हैं। अप्रैल 1946 के बाद उनकी कविता 31 जुलाई 1949 को मिलती है। जबकि भारतीय इतिहास का यह दौर अत्यन्त महत्त्वपूर्ण है। भारत की स्वतंत्रता, देश का विभाजन और नरसंहार इसी समय हुए। लेखन ही निराला की आजीविका का साधन था फिर भी वे इस दौरान कुछ नहीं लिखते। जबकि, बाद में अपनी मृत्यु तक वे अनवरत रचना करते रहे। यह स्तब्धता उनके मोहभंग का परिणाम थी। मुक्ति की उनकी अवधारणा से अलग एक दूसरा ही यथार्थ उनके सामने था। निराला जितना ही मुक्ति के स्वप्न के साथ थे, उतना ही तीव्र मोहभंग हुआ। यह मोहभंग निराला के किसी समकालीन कवि के यहाँ नहीं दिखता। इस मोहभंग की छाया फिर प्रगतिशील कवियों में ही दिखाई देती है। प्रचंड आत्मशक्ति के बल पर लम्बे मौन के बाद प्रकट हुए निराला सामने आते हैं तो उनकी कविता का धरातल ही बदल जाता है। निराला की इन कविताओं में अब कोई कल्पना नहीं। अब निराला के सामने यथार्थ है। इस दौर में या तो लोकजीवन के नज़दीक लोकसंस्कृति के गीत हैं या गहरे पराजय-बोध के। निराला ने लिखा—

चोट खाकर राह चलते
होश के भी होश छूटे,
हाथ जो पाथेय थे ठग-
ठाकुरों ने रात लूटे,
कंठ रुकता जा रहा है,
आ रहा है काल देखो।

1947 में जो आज़ादी मिली उसे देखने का एक नज़रिया निराला की इन कविताओं में मिलता है। स्वाधीन भारत के यथार्थ ने निराला के बोध में

नई-नई छवियाँ भरीं। मोहभंग के इस दौर में हिंस्र पशुओं का बिम्ब निरन्तर उनकी चेतना में रहता है। इन भयानक हिंस्र पशुओं के रूप में वही 'ठग-ठाकुर' हैं जिन्होंने मनुष्य को 'बैल-घोड़ा' बना दिया है। इस दौर की उनकी कविताओं में बार-बार 'अंध कारा' और 'बन्दीगृह' की आवृत्ति होती है। इसलिए निराला का यह कहना सच ही था कि उनका कोई समकालीन नहीं है।

कविता में एक पूरी कथा कहने की लम्बी परम्परा हिन्दी में मौजूद है। निराला भी अपनी कविताओं में यह खूब करते हैं। वे तो अपने छोटे से गीत में भी एक कथा समेटने का सामर्थ्य रखते हैं। 'बाँधो न नाव इस ठाँव बन्धु' जैसा गीत इसका अप्रतिम उदाहरण है। मगर, इससे एक कदम आगे बढ़कर निराला ने यात्रा-वृत्तान्त को 'स्फटिक शिला' कविता में बदला है। निराला की 'स्फटिक शिला' कविता रामराज्य के मिथक और यूटोपिया और दलित के अन्तर्विरोधों पर टिप्पणी करती है—

मैंने देखा, बड़ा मैला
मन उसका समाज से
चोट खाई हुई वह राम जी के राज से
शूद्रों को मिला नहीं
जिनसे कुछ भी कहीं।

दलित प्रसंग में 'राम' का उल्लेख करके निराला एक ओर प्राचीन सामन्ती आदर्शवाद, वहीं दूसरी ओर आधुनिक गांधीवादी रामराज्य पर करारी चोट करते हैं। इस प्रकार एक कवि दलित-मुक्ति और स्त्री-मुक्ति के साथ मनुष्य मात्र की मुक्ति का सवाल उठाता है और इसे कविता की मुक्ति तक ले जाता है।

निराला ने जितनी छन्द-मुक्त कविताएँ लिखीं, उतने ही गीत भी लिखे। छन्द पर उनका असाधारण अधिकार था। 'राम की शक्ति-पूजा' और 'तुलसीदास' कविता में तो उन्होंने एकदम नए छन्द का ही सृजन कर दिया। निराला के अधिकांश गीतों में भी प्रयोगशीलता के दर्शन होते हैं। उन्होंने अपने गीतों में भी एक उत्कर्ष प्राप्त किया। निराला इन्हें जितना संगीत के निकट ले जाते हैं, उतना ही अर्थ-सघनता और संश्लिष्टता के समीप भी।

इन गीतों में उनकी लोक-चेतना के साथ ही लोक-प्रचलित छन्दों और धुनों का अद्‌भुत प्रयोग है। निराला ने गीतों में जो प्रयोग किए, कथ्य को जैसी नवीनता दी, उससे परवर्ती नवगीत आन्दोलन ने निराला को अपना 'प्रथम पुरुष' स्वीकार किया है। निराला के गीतों से उनका काव्य और उदात्त होता है। आज 'गीत विधा की उपेक्षा' की शिकायत करने वालों को निराला के गीतों से सीखना चाहिए।

निराला की कविता विविध-वर्णी है। उन सारे रंगों को शामिल करते हुए निराला की कविताओं का कोई भी चयन एक चुनौती है। यदि यह संकलन निराला की बहुरंगी कविताओं का एक कोलाज प्रस्तुत कर सका और निराला-प्रेमियों का स्नेह इसे मिल सका, तो श्रम सार्थक समझूँगा।

—विवेक निराला

क्रम

प्रतिनिधि कविताएँ

जन्मभूमि

(डी.एल. राय का स्वर)

बन्दूँ मैं अमल कमल,—
चिरसेवित चरण युगल—
शोभामय शान्तिनिलय पाप ताप हारी,
मुक्त बन्ध, घनानन्द मुदमंगलकारी॥
वधिर विश्व चकित भीत सुन भैरव वाणी।
जन्मभूमि मेरी है जगन्महारानी ॥ 1 ॥

मुकुट शुभ्र हिमागार।
हृदय बीच विमल हार—
पंचसिन्धु ब्रह्मपुत्र रवितनया गंगा।
विन्ध्य विपिन राजे घन घेरि युगल जंघा॥
वधिर विश्व चकित भीत सुन भैरव वाणी।
जन्मभूमि मेरी है जगन्महारानी॥ 2 ॥

त्रिदश कोटि नर समाज,
मधुर-कण्ठ-मुखर आज॥
चपल चरणभंग नाच तारागण सूर्यचन्द्र।
चूम चरण ताल मार गरज जलधि मधुर मन्द्र॥
वधिर विश्व चकित भीत सुन भैरव वाणी।
जन्मभूमि मेरी है जगन्महारानी ॥ 3 ॥

['प्रभा', मासिक, कानपुर, 1 जून, 1920। **असंकलित कविताएँ** में संकलित।]

अध्यात्म-फल

जब कड़ी मारें पड़ीं, दिल हिल गया,
पर न कर चूँ भी कभी पाया यहाँ,
मुक्ति की तब युक्ति से मिल खिल गया
भाव, जिसका चाव है छाया यहाँ।

खेत में पड़ भाव की जड़ गड़ गयी,
धीर ने दुख-नीर से सींचा सदा,
सफलता की थी लता आशामयी,
झूलते थे फूल,—भावी सम्पदा!

दीन का तो हीन ही यह वक्त है,
रंग करता भंग जो सुख-संग का
भेद से कर छेद पीता रक्त है
राज के सुख-साज-सौरभ-अंग का।

काल की ही चाल से मुरझा गये
फूल, हूलें शूल जो दुख मूल में
एक ही फल, किन्तु हम बल पा गये,
प्राण है वह, त्राण सिन्धु अकूल में।

मिष्ट है, पर इष्ट उनका है नहीं
शिष्ट पर न अभीष्ट जिनका नेक है,
स्वाद का अपवाद कर भरते मही,
पर सरस वह नीति-रस का एक है।

['प्रभा', मासिक, कानपुर, 1 नवम्बर, 1921 ('अध्यात्म-पुरुष' शीर्षक से)। पहले प्रथम अनामिका में, फिर परिमल में संकलित।]

जुही की कली

विजन-वन-वल्लरी पर
सोती थी सुहाग-भरी—स्नेह-स्वप्न-मग्न—
अमल-कोमल-तनु तरुणी—जुही की कली,
दृग बन्द किये, शिथिल,—पत्राङ्क में,
वासन्ती निशा थी;
विरह-विधुर-प्रिया-संग छोड़
किसी दूर देश में था पवन
जिसे कहते हैं मलयानिल।
आयी याद बिछुड़न से मिलन की वह मधुर बात,
आयी याद चाँदनी की धुली हुई आधी रात,
आयी याद कान्ता की कम्पित कमनीय गात,
फिर क्या? पवन
उपवन-सर-सरित गहन-गिरि-कानन
कुञ्ज-लता-पुञ्जों को पार कर
पहुँचा जहाँ उसने की केलि
कली-खिली-साथ।
सोती थी,
जाने कहो कैसे प्रिय-आगमन वह?
नायक के चूमे कपोल,
डोल उठी वल्लरी की लड़ी जैसे हिण्डोल।
इस पर भी जागी नहीं,
चूक-क्षमा माँगी नहीं,
निद्रालस वंकिम विशाल नेत्र मूँदे रही—
किंवा मतवाली थी यौवन की मदिरा पिये,
कौन कहे?
निर्दय उस नायक ने
निपट निठुराई की

कि झोंकों की झड़ियों से
सुन्दर सुकुमार देह सारी झकझोर डाली,
मसल दिये गोरे कपोल गोल;
चौंक पड़ी युवती—
चकित चितवन निज चारों ओर फेर,
हेर प्यारे को सेज-पास,
नम्रमुख हँसी—खिली,
खेल रंग, प्यारे संग।

['आदर्श', मासिक, कलकत्ता, मार्गशीर्ष, संवत्, 1979 वि. (नवम्बर-दिसम्बर, 1922)। पहले प्रथम **अनामिका** में, फिर **परिमल** में संकलित।]

विरहिणी पर व्यंग

(घनाक्षरी)

हार मन मार मार की बहू ललाट ठोंक
काजल बहा कपोल कुत्सित किया करें।
अंचल? लजी मशालची की लालटेन काली
नेत्र जल से प्रबल नासिका सदा झरे।
कल्पना ललाम की लगाम थाम कविदल
मुख तुलना न कभी चन्द्र के बिना करे।
चाँद आइने में चारु चित्र देख चुप वह
तकिया सहारे पड़ी तारे ही गिना करे।

['आदर्श', मासिक, कलकत्ता, पौष और माघ, संवत्, 1979 वि., दिसम्बर, 1922—जनवरी, 1923 और जनवरी, 1923—फरवरी, 1923)। **असंकलित कविताएँ** में संकलित।]

अधिवास

कहाँ—
मेरा अधिवास कहाँ?

क्या कहा?—रुकती है गति जहाँ?
भला इस गति का शेष
सम्भव है क्या,
करुण स्वर का जब तक मुझमें रहता है आवेश?

मैंने 'मैं'—शैली अपनायी,
देखा दुखी एक निज भाई।
दुख की छाया पड़ी हृदय में मेरे,
झट उमड़ वेदना आयी।

उसके निकट गया मैं धाय,
लगाया उसे गले से हाय!
फँसा माया में हूँ निरुपाय,
कहो, कैसे फिर गति रुक जाय?

उसकी अश्रु-भरी आँखों पर मेरे करुणाञ्चल का स्पर्श
करता मेरी प्रगति अनन्त, किन्तु तो भी मैं नहीं विमर्ष;

छूटता है यद्यपि अधिवास,
किन्तु फिर भी न मुझे कुछ त्रास।

['माधुरी' मासिक, लखनऊ, 23 अप्रैल, 1923। पहले प्रथम **अनामिका** में, फिर **परिमल** में संकलित।]

तुम और मैं

तुम तुंग - हिमालय - शृंग
और मैं चंचल-गति सुर-सरिता।
तुम विमल हृदय उच्छ्वास
और मैं कान्त-कामिनी-कविता।
तुम प्रेम और मैं शान्ति,
तुम सुरा-पान-घन अन्धकार,
मैं हूँ मतवाली भ्रान्ति।
तुम दिनकर के खर किरण-जाल,
मैं सरसिज की मुस्कान,
तुम वर्षों के बीते वियोग,
मैं हूँ पिछली पहचान।
तुम योग और मैं सिद्धि,
तुम हो रागानुग निश्छल तप,
मैं शुचिता सरल समृद्धि,
तुम मृदु मानस के भाव
और मैं मनोरंजिनी भाषा,
तुम नन्दन-वन-घन विटप
और मैं सुख-शीतल-तल शाखा।
तुम प्राण और मैं काया,
तुम शुद्ध सच्चिदानन्द ब्रह्म
मैं मनोमोहिनी माया।
तुम प्रेममयी के कण्ठहार,
मैं वेणी काल-नागिनी,
तुम कर-पल्लव-झंकृत सितार,
मैं व्याकुल विरह-रागिनी।
तुम पथ हो, मैं हूँ रेणु,
तुम हो राधा के मनमोहन,
मैं उन अधरों की वेणु।

तुम पथिक दूर के श्रान्त
और मैं बाट-जोहती आशा,
तुम भवसागर दुस्तर
पार जाने की मैं अभिलाषा।
तुम नभ हो, मैं नीलिमा,
तुम शरत्-काल के बाल-इन्दु
मैं हूँ निशीथ-मधुरिमा।
तुम गन्ध-कुसुम-कोमल पराग,
मैं मृदुगति मलय-समीर,
तुम स्वेच्छाचारी मुक्त पुरुष,
मैं प्रकृति, प्रेम-जंजीर।
तुम शिव हो, मैं हूँ शक्ति,
तुम रघुकुल-गौरव रामचन्द्र,
मैं सीता अचला भक्ति।
तुम आशा के मधुमास,
और मैं पिक-कल-कूजन तान,
तुम मदन-पंच-शर-हस्त
और मैं हूँ मुग्धा अनजान!
तुम अम्बर, मैं दिग्वसना,
तुम चित्रकार, घन-पटल-श्याम,
मैं तड़ित् तूलिका रचना।
तुम रण-ताण्डव-उन्माद नृत्य
मैं मुखर मधुर नूपुर-ध्वनि,
तुम नाद-वेद ओंकार-सार,
मैं कवि-शृंगार शिरोमणि।
तुम यश हो, मैं हूँ प्राप्ति,
तुम कुन्द-इन्दु-अरविन्द-शुभ्र
तो मैं हूँ निर्मल व्याप्ति।

[‘माधुरी’ मासिक, लखनऊ, 20 जुलाई, 1923। पहले प्रथम **अनामिका** में, फिर **परिमल** में संकलित।]

पंचवटी प्रसंग : 1

सीता — आती है याद उस दिन की
प्रियतम!
जिस दिन हमारी पुष्प-वाटिका में
पुष्पराज!
बाल-रवि-किरणों से हँसते नव नीलोत्पल!
साथ लिये लाल को
घूमते समोद थे नयन-मनोरम तुम।
उससे भी सुन्दर क्या नहीं यह दृश्य नाथ?
वहाँ की वह लता-कुंज मञ्जु थी
या यहाँ उस विटप विशाल पर
फैली हुई मालती का शीतल तल सुन्दर है?
मैं सोचती हूँ, वहाँ बन्दिनी थी
और यहाँ खेलती हूँ मुक्त खेल,
साथ हो तुम,
और कहाँ इतना सुअवसर मुझे मिल सकता है?
और कहाँ पास बैठ देखती मैं
चञ्चल तरंगिणी की तरल तरंगों पर
सुर-ललनाओं के चारु चरण-चपल नृत्य
और कहाँ सुनती मैं
सुखद समीरण में विहग-कल-कूजन-ध्वनि—
पत्रों के मर्मर में मधुर गन्धर्वगान?
और कहाँ पाती मैं
निर्मल-विवेक-ज्ञान-भक्ति-दीप्ति
आश्रम-तपोवन छोड़?

राम — छोटे-से घर की लघु सीमा में
बँधे हैं क्षुद्र भाव,
यह सच है प्रिय,
प्रेम का पयोधि तो उमड़ता है

सदा ही नि:सीम भू पर।
प्रेम की महोर्मि-माला तोड़ देती क्षुद्र ठाट,
जिसमें संसारियों के सारे क्षुद्र मनोवेग
तृण-सम बह जाते हैं।
हाथ मलते भोगी
धड़कते हैं कलेजे उन कायरों के,
सुन-सुन प्रेम-सिन्धु का
सर्वस्व-त्याग-गर्जन-घन।
अट्टहास हँसता प्रेम-पारावार
देख भय-कातर की दृष्टि में
प्रार्थना की मलिन रेखा,
तट पर चुपचाप खड़ा
हाथ जोड़ मोह-मुग्ध
डरता है गोते लगाते प्रेम-सागर में,
जीवनाश पैदा करती है सन्देह
जिससे सिकुड़ जाता सारा अंग,
याद कर प्रेम-बड़वाग्नि की प्रचण्ड ज्वाला,
फेरता है पीठ वह,
दिव्य देहधारी ही कूदते हैं इसमें प्रिये,
पाते हैं प्रेमामृत
पीकर अमर होते हैं।
मैं भी, सच कहता हूँ, मुनियों में
पाता हूँ जैसा अपूर्व प्रेम
वैसा कभी आज तलक कहीं नहीं पाया है।
राजभवन राजस-प्रभाव-भरे
रम्योद्यान से भी मुझे
बढ़कर प्रतीत होती
वनस्थली चारुचित्रा।

सीता — भूलती नहीं हैं एक क्षण भी अनसूया देवी।
चलने लगी मैं जब पैरों पड़ी,

स्नेह से उठाकर मुझे–
अहा, वह सुखद स्पर्श–
कहने लगीं—'सीता, तू जानती है
क्या हैं सतियों के गुण तो भी कहूँ।'
सादर समझाये सतियों के गुण सारे मुझे,
गोद में बिठाके, वह कैसा प्यार—निश्चल,
निष्काम—नहीं भूलता है एक क्षण।

राम — मुझे भी भरत की याद प्रिये, सदा आती है।

सीता — अहा, वह भक्ति-भाव-भूषित मुख विनय-नम्र!

(लक्ष्मण का प्रवेश)

लक्ष्मण — अर्चना के लिए आर्य!
विल्वदल-गन्ध-पुष्प-मालाएँ
रक्खी हैं कुटीर में, देर हुई।

राम — हाँ लाल, चलते हैं।

सीता — और लाल मेरे, लाओ फूल मालती के,
गूँथकर माला स्वयं
सती-शिरोरत्न के
पद-युगल-कमलों में
अर्पण करूँगी मैं।

(लक्ष्मण का प्रस्थान)

कितना सुबोध है!
आज्ञा-पालन के सिवा कुछ भी नहीं जानता,
आता है सामने तो झुका सिर
दृष्टि चरणों की ओर रखता है,
कहता है बालक-इव, क्या है आदेश माता?

राम — पाये हैं इसने गुण सारे मा सुमित्रा के;
वैसा ही सेवाभाव, वैसा ही आत्मत्याग,
वैसी ही सरलता, वैसी पवित्र कान्ति।
त्रुटि पर ज्यों बिजली-सी टूटती सुमित्रा मा,

शत्रु पर त्यों सिंह-सा झपटता है लखनलाल,
देखा नहीं कोप इसका परशुधर प्रसंग में?
अथवा वन-गमन-समय?
किंवा जब आये भरत चित्रकूट पर्वत पर?
कितनी भक्ति मुझ पर है
यह तो जानती ही हो।

पंचवटी-प्रसंग : 2

लक्ष्मण — जीवन का एक ही अवलम्ब है सेवा;
है माता का आदेश यही,
मा की प्रीति के लिए ही चुनता हूँ सुमन-दल,
इसके सिवा कुछ भी नहीं जानता—
जानने की इच्छा भी नहीं है कुछ।
माता की चरण-रेणु मेरी परम शक्ति है—
माता की तृप्ति मेरे लिए अष्ट सिद्धियाँ—
माता के स्नेह-शब्द मेरे सुख-साधन हैं।
धन्य हूँ मैं;
जिनके कटाक्ष से करोड़ों शिव-विष्णु-अज
कोटि-कोटि सूर्य-चन्द्र-तारा-ग्रह
कोटि-इन्द्र-सुरासुर—
जड़-चेतन मिले हुए जीव-जग
बनते-पलते हैं,—नष्ट होते हैं अन्त में—
सारे ब्रह्मांड के जो मूल में विराजती हैं
आदि-शक्ति-रूपिणी,
शक्ति से, जिनकी शक्तिशालियों में सत्ता है—
माता हैं मेरी वे।
जिनके गुण गाकर भवसिन्धु पार करते नर,
प्रणव से लेकर प्रतिमन्त्र के अर्थ में

जिनके अस्तित्व की ही
दीखती है दृढ़ छाप
माता हैं मेरी वे।
नारियों की महिमा—सतियों की गुण-गरिमा में
जिनके समान जिन्हें छोड़ कोई और नहीं,
माता हैं मेरी वे।
सलिल-प्रवाह में ज्यों बहता शैवाल-जाल
गृह-हीन, लक्ष्य-हीन, यन्त्र-तुल्य,
किन्तु परमात्मा की प्रेममयी प्रेरणा से
मिलता है अन्त में असीम महासागर से
हृदय खोल—मुक्त होता,
मैं भी त्यों त्यागकर सुखाशाएँ,—
घर-द्वार—धन-जन,
बहता हूँ माता के चरणामृत-सागर में,
मुक्ति नहीं जानता मैं, भक्ति रहे, काफी है।
सुधाधर की कला में अंशु यदि बनकर रहूँ,
तो अधिक आनन्द है;
अथवा यदि होकर चकोर कुमुद-नैश गन्ध
पीता रहूँ सुधा इन्दु-सिन्धु से बरसती हुई,
तो सुख मुझे अधिक होगा?
इसमें सन्देह नहीं,
आनन्द बन जाना हेय है,
श्रेयस्कर आनन्द पाना है,
मानस-सरोवर के स्वच्छ वारि-कण-समूह
दिनकर-कर-स्पर्श से
सूक्ष्माकार होते जब—
धरते अव्यक्त रूप
कुछ काल के लिए नील नभोमण्डल में
लीन-से हो जाते हैं—गाते अव्यक्त राग,

किन्तु क्या आनन्द उन्हें मिलता है, वे जानें!
इधर तो यह स्पष्ट है कि
वही जब पाते हैं जलद-रूप—
प्रगति की फिर से जब सूचना दिखाते हैं,—
जीवन का बालकाण्ड शुरू होता,—
क्रीड़ा से कितने ही रंग वे बदलते हैं
शिखर पर,—व्योम-पथ में
नाचते-थिरकते हैं,—किलकते,—गीत गाते हैं,—
कोमल कपोल श्याम चूमता जब मन्द मलय,—
भर जाता हृदय आनन्द से—
बूँदों से सींचती उच्छ्‌वास-सलिल
मानस-सरोवर-वृक्ष,—स्मरण कर पूर्व-कथा,
देखकर कौतुक तब खिले हुए कमल कुल
गले डाल लेते हैं मोतियों की माला एक
मन्द मुस्किराते हुए।
अतएव ईश्वर से सदा ही मैं मनाता हूँ,
'परमात्मन्, मनस्काम-कल्पतरु तुम्हें लोग कहते हैं,
पूरे करते हो तुम सबके मनोभिलाष,
यदि प्रभो, मुझ पर सन्तुष्ट हो,
तो यही वर मैं माँगता हूँ,
माता की तृप्ति पर
बलि हो शरीर-मन
मेरा सर्वस्व-सार;
तुच्छ वासनाओं का
विसर्जन मैं कर सकूँ,
कामना रहे, तो एक
भक्ति की बनी रहे।
चलूँ अब, चुन लिये प्रसून,
बड़ी देर हुई।

भिक्षुक

वह आता—
दो टूक कलेजे के करता पछताता
पथ पर आता।

पेट-पीठ दोनों मिलकर हैं एक,
चल रहा लकुटिया टेक,
मुट्ठी-भर दाने को—भूख मिटाने को
मुँह फटी पुरानी झोली का फैलाता—
दो टूक कलेजे के करता पछताता पथ पर आता।
साथ दो बच्चे भी हैं सदा हाथ फैलाये,
बायें से वे मलते हुए पेट को चलते,
और दाहिना दया-दृष्टि पाने की ओर बढ़ाये।
भूख से सूख ओंठ जब जाते
दाता—भाग्य-विधाता से क्या पाते?—
घूँट आँसुओं के पीकर रह जाते।
चाट रहे जूठी पत्तल वे सभी सड़क पर खड़े हुए,
और झपट लेने को उनसे कुत्ते भी हैं अड़े हुए।

['मतवाला', साप्ताहिक, कलकत्ता, 17 नवम्बर, 1923। **परिमल में संकलित।**]

संध्या-सुन्दरी

दिवसावसान का समय
मेघमय आसमान से उतर रही है
वह संध्या-सुन्दरी परी-सी
धीरे धीरे धीरे,

तिमिराञ्चल में चञ्चलता का नहीं कहीं आभास,
मधुर-मधुर हैं दोनों उसके अधर,—
किन्तु गम्भीर,—नहीं है उनमें हास-विलास।

हँसता है तो केवल तारा एक
गुँथा हुआ उन घुँघराले काले बालों से,
हृदय-राज्य की रानी का वह करता है अभिषेक।

अलसता की-सी लता
किन्तु कोमलता की वह कली,
सखी नीरवता के कन्धे पर डाले बाँह,
छाँह-सी अम्बर-पथ से चली।

नहीं बजती उसके हाथों में कोई वीणा,
नहीं होता कोई अनुराग-राग-आलाप,
नूपुरों में भी रुन-झुन रुन-झुन रुन-झुन नहीं,
सिर्फ एक अव्यक्त शब्द-सा "चुप चुप चुप"
है गूँज रहा सब कहीं,—
व्योममण्डल में—जगती-तल में—
सोती शान्त सरोवर पर उस अमर कमलिनी-दल में—
सौन्दर्य-गर्विता-सरिता के अति विस्तृत वक्षःस्थल में—
धीर वीर गम्भीर शिखर पर हिमगिरि-अटल-अचल में—
उत्ताल-तरंगाघात,-प्रलय-घन-गर्जन-जलधि-प्रबल में—
क्षिति में—जल में—नभ में—अनिल-अनल में—
सिर्फ एक अव्यक्त शब्द-सा "चुप चुप चुप"
है गूँज रहा सब कहीं,—
और क्या है? कुछ नहीं।

मदिरा की वह नदी बहाती आती,
थके हुए जीवों को वह सस्नेह

प्याला वह एक पिलाती,
सुलाती उन्हें अंक पर अपने,
दिखलाती फिर विस्मृति के वह कितने मीठे सपने।

अर्द्धरात्रि की निश्चलता में हो जाती वह लीन,
कवि का बढ़ जाता अनुराग,
विरहाकुल कमनीय कण्ठ से
आप निकल पड़ता तब एक विहाग।

['मतवाला', साप्ताहिक, कलकत्ता, 24 नवम्बर, 1923। **परिमल में संकलित।**]

आदान-प्रदान

कठिन श्रृंखला बजा-बजाकर
गाता हूँ अतीत के गान,
मुझ भूले पर उस अतीत का
क्या ऐसा ही होगा ध्यान?
शिशु पाते हैं माताओं के
वक्षःस्थल पर भूला गान,
माताएँ भी पातीं शिशु के
अधरों पर अपनी मुसकान।

['मतवाला', साप्ताहिक, कलकत्ता, 21 जून, 1924। **परिमल में संकलित।**]

ध्वनि

अभी न होगा मेरा अन्त।
अभी-अभी ही तो आया है

मेरे वन में मृदुल वसन्त—
अभी न होगा मेरा अन्त।

हरे-हरे ये पात,
डालियाँ, कलियाँ कोमल गात।
मैं ही अपना स्वप्न-मृदुल-कर
फेरूँगा निद्रित कलियों पर
जगा एक प्रत्यूष मनोहर।

पुष्प-पुष्प से तन्द्रालस लालसा खींच लूँगा मैं,
अपने नव-जीवन का अमृत सहर्ष सींच दूँगा मैं,

द्वार दिखा दूँगा फिर उनको
हैं मेरे वे जहाँ अनन्त—
अभी न होगा मेरा अन्त।

मेरे जीवन का यह है जब प्रथम चरण,
इसमें कहाँ मृत्यु
है जीवन ही जीवन।
अभी पड़ा है आगे सारा यौवन;
स्वर्ग-किरण-कल्लोलों पर बहता रे यह बालक-मन;

मेरे ही अविकसित राग से
विकसित होगा बन्धु दिगन्त—
अभी न होगा मेरा अन्त।

['मतवाला', साप्ताहिक, कलकत्ता, 12 जुलाई, 1924 ('अपनी-ध्वनि' शीर्षक से)। **परिमल में संकलित।**]

बादल राग 1 और 6

[1]

झूम-झूम मृदु गरज-गरज घन घोर!
राग-अमर! अम्बर में भर निज रोर!
झर झर झर निर्झर-गिरि-सर में,
घर, मरु, तरु-मर्मर, सागर में,
सरित्—तड़ित-गति—चकित पवन में
मन में, विजय-गहन-कानन में,
आनन-आनन में, रव-घोर-कठोर—
राग-अमर! अम्बर में भर निज रोर!

अरे वर्ष के हर्ष!
बरस तू, बरस-बरस रसधार!
पार ले चल तू मुझको,
बहा, दिखा मुझको भी निज
गर्जन-गौरव-संसार!
उथल-पुथल कर हृदय—
मचा हलचल—
चल रे चल,—
मेरे पागल बादल!
धँसता दलदल,
हँसता है नद खल्-खल्
बहता, कहता कुलकुल कलकल कलकल।
देख-देख नाचता हृदय
बहने को महाविकल—बेकल,
इस मरोर से—इसी शोर से—
सघन घोर गुरु गहन रोर से

मुझे—गगन का दिखा सघन वह छोर!
राग-अमर! अम्बर में भर निज रोर!

[6]

तिरती है समीर-सागर पर
अस्थिर सुख पर दुख की छाया—
जग के दग्ध हृदय पर
निर्दय विप्लव की प्लावित माया—
यह तेरी रण-तरी
भरी आकांक्षाओं से,
घन, भेरी-गर्जन से सजग सुप्त अंकुर
उर में पृथ्वी के, आशाओं से
नवजीवन की, ऊँचा कर सिर,
ताक रहे हैं, ऐ विप्लव के बादल!
फिर-फिर।
बार-बार गर्जन
वर्षण है मूसलधार
हृदय थाम लेता संसार,
सुन-सुन घोर वज्र-हुंकार।
अशनि-पात से शायित उन्नत शत-शत वीर,
क्षत-विक्षत हत अचल-शरीर,
गगन-स्पर्शी स्पर्द्धा-धीर।
हँसते हैं छोटे पौधे लघुभार—
शस्य अपार,
हिल-हिल,
खिल-खिल,
हाथ हिलाते,
तुझे बुलाते,
विप्लव-रव से छोटे ही हैं शोभा पाते।

अट्टालिका नहीं है रे
आतंक-भवन,
सदा पंक पर ही होता
जल-विप्लव-प्लावन,
क्षुद्र प्रफुल्ल जलज से
सदा छलकता नीर,
रोग-शोक में भी हँसता है
शैशव का सुकुमार शरीर।
रुद्ध कोष है, क्षुब्ध तोष,
अंगना-अंग से लिपटे भी
आतंक-अंक पर काँप रहे हैं
धनी, वज्र-गर्जन से बादल!
त्रस्त नयन-मुख ढाँप रहे हैं।
जीर्ण बाहु, है शीर्ण शरीर,
तुझे बुलाता कृषक अधीर,
ऐ विप्लव के वीर!
चूस लिया है उसका सार,
हाड़-मात्र ही है आधार
ऐ जीवन के पारावार!

['मतवाला', साप्ताहिक, कलकत्ता, के 6 सितम्बर, 13 सितम्बर और 20 सितम्बर, 1924 के अंकों में क्रमशः प्रकाशित। **परिमल** में संकलित।]

स्वाधीनता पर-2

भ्रमर का गुंजार,
वह भी स्वाधीन;
पक्षियों का कलरव,
वह भी स्वाधीन

उदय-अस्त दिनकर का,
तिमिर-हर के अन्तर से
तिमिर का उद्गम
और तम के हृदय से
निशानाथ का प्रकाश,
सब है स्वाधीन,...
मेरे साथ मेरे विचार—
मेरे जाति—
मेरे पददलित—
मौन हैं—निद्रित हैं—
स्वप्न में भी पराधीन!
कितनी बड़ी दुर्बलता!
आता जब भूमिकम्प,
कौन रोक सकता है उसकी गति?
गरज उठते जब मेघ,
कौन रोक सकता है विपुल नाद?
उपल दल
नष्ट जब करते हैं श्याम शस्य,
कौन-सी व्यवस्था वह
रोक रखती है उन्हें?
समझा मैं,
भय ही व्यवस्था का जनक है,
निर्भय अपने को
और दुर्बल समाज को
करके दिखाना है—
'स्वाधीन' का ही
एक और अर्थ 'निर्भय' है।

['मतवाला', साप्ताहिक, कलकत्ता, 30 अगस्त, 1924। **असंकलित कविताएँ** में संकलित।]

पतनोन्मुख

हमारा डूब रहा दिनमान!

मास-मास दिन-दिन प्रतिपल
उगल रहे हो गरल-अनल,
जलता यह जीवन असफल;
हिम-हत-पातों-सा असमय ही
झुलसा हुआ शुष्क निश्चल!

विकल डालियों से
झरने ही पर हैं पल्लव-प्राण—
हमारा डूब रहा दिनमान!

['मतवाला', साप्ताहिक, कलकत्ता, 24 अक्तूबर, 1925। **परिमल में संकलित**।]

जागो फिर एक बार-2

[2]

जागो फिर एक बार!

समर में अमर कर प्राण,
गान गाये महासिन्धु-से
सिन्धु-नद-तीरवासी!—
सैन्धव तुरंगों पर
चतुरंग चमू संग;
"सवा-सवा लाख पर
एक को चढ़ाऊँगा,
गोविन्द सिंह निज

नाम जब कहाऊँगा।"
किसने सुनाया यह
वीर-जन-मोहन अति
दुर्जय संग्राम-राग,

फाग का खेला रण
बारहों महीनों में?
शेरों की माँद में
आया है आज स्यार—
जागो फिर एक बार!

सत् श्री अकाल,
भाल-अनल धक-धक कर जला,
भस्म हो गया था काल—
तीनों गुण—ताप त्रय,
अभय हो गये थे तुम
मृत्युञ्जय व्योमकेश के समान,
अमृत-सन्तान! तीव्र
भेदकर सप्तावरण-मरण-लोक,
शोकहारी! पहुँचे थे वहाँ
जहाँ आसन है सहस्त्रार—
जागो फिर एक बार!

सिंही की गोद से—
छीनता रे शिशु कौन?
मौन भी क्या रहती वह
रहते प्राण? रे अजान!
एक मेषमाता ही
रहती है निर्निमेष—
दुर्बल वह—

छिनती सन्तान जब
जन्म पर अपने अभिशप्त
तप्त आँसू बहाती है;—
किन्तु क्या,
योग्य जन जीता है,
पश्चिम की उक्ति नहीं—
गीता है, गीता है—
स्मरण करो बार-बार—
जागो फिर एक बार!

पशु नहीं, वीर तुम,
समर-शूर क्रूर नहीं,
काल-चक्र में हो दबे
आज तुम राजकुँवर!—समर-सरताज!
पर, क्या है,
सब माया है—माया है,
मुक्त हो सदा ही तुम,
बाधा-विहीन बन्ध छन्द ज्यों,
डूबे आनन्द में सच्चिदानन्द रूप।
महामन्त्र ऋषियों का
अणुओं-परमाणुओं में फूँका हुआ—
"तुम हो महान्, तुम सदा हो महान्,
है नश्वर यह दीन भाव,
कायरता, कामपरता,
ब्रह्म हो तुम,
पर-रज-भर भी है नहीं
पूरा यह विश्व-भार—"
जागो फिर एक बार!

['मतवाला', साप्ताहिक, कलकत्ता, 27 मार्च, 1926। **परिमल में संकलित।**]

शेष

सुमन भर न लिये,
सखि, वसन्त गया।
हर्ष - हरण - हृदय,
नहीं निर्दय क्या?

विवश नयनोन्मादवश हँसकर तकी,
देखती - ही - देखती री मैं थकी,
अलस पग, मग में ठगी-सी रह गयी,
मुकुल-व्याकुल श्रीसुरभि बह कह गयी—

"सुमन भर न लिये,
सखि, वसन्त गया।
हर्ष - हरण - हृदय,
नहीं निर्दय क्या?"

याद थी आयी,
एक दिन जब शान्त
वायु थी, आकाश
हो रहा था क्लान्त

ढल रहे थे मलिन-मुख रवि, दुख-किरण
पद्म-मन पर थी, रहा अवसन्न वन,
देखती यह छवि खड़ी मैं, साथ वे
कह रहे थे हाथ में यह हाथ ले,

"एक दिन होगा
जब न मैं हूँगा,
हर्ष - हरण - हृदय,
नहीं निर्दय क्या?"

['मतवाला', साप्ताहिक, कलकत्ता, 27 मार्च, 1926। **परिमल** में संकलित।]

मौन

बैठ लें कुछ देर,
आओ, एक पथ के पथिक-से
प्रिय, अन्त और अनन्त के,
तम-गहन-जीवन घेर।
मौन मधु हो जाय
भाषा मूकता की आड़ में,
मन सरलता की बाढ़ में,
जल-बिन्दु-सा बह जाय।
सरल अति स्वच्छन्द
जीवन, प्रात के लघुपात से,
उत्थान-पतनाघात से
रह जाय चुप, निर्द्वन्द्व।

['मतवाला', साप्ताहिक, कलकत्ता, 17 जुलाई, 1926। **परिमल** में संकलित।]

हताश

जीवन चिरकालिक क्रन्दन।
मेरा अन्तर वज्रकठोर,
देना जी भरसक झकझोर,
मेरे दुख की गहन अन्ध-
तम-निशि न कभी हो भोर,
क्या होगी इतनी उज्ज्वलता—
इतना वन्दन-अभिनन्दन?
हो मेरी प्रार्थना विफल,
हृदय कमल के जितने दल
मुरझायें, जीवन हो म्लान,

शून्य सृष्टि में मेरे प्राण
प्राप्त करें शून्यता सृष्टि की,
मेरा जग हो अन्तर्धान,
तब भी क्या ऐसे ही तम में
अटकेगा जर्जर स्यन्दन?

[रचनाकाल : 22 अक्तूबर, 1927। द्वितीय **अनामिका** में संकलित।]

कालेज का बचुआ

जब से एफ. ए. फेल हुआ,
हमारा कालेज का बचुआ।

नाक दाबकर सम्पुट साधै,
महादेवजी को आराधै,
भंग छानकर रोज रात को
खाना मालपुआ।

वाल्मीकि को बाबा मानै,
नाना व्यासदेव को जानै,
चाचा महिषासुर को, दुर्गा
जी को सगी बुआ।

हिन्दी का लिक्खाड़ बड़ा वह,
जब देखो तब अड़ा पड़ा वह,
छायावाद रहस्यवाद के
भावों का बटुआ।

धीरे-धीरे रगड़-रगड़ कर
श्रीगणेश से झगड़-झगड़ कर,

नत्थाराम बन गया है अब
पहले का नथुआ।

हमारे कालेज का बचुआ।

[सम्भावित रचनाकाल : 1928-29 ई.। **असंकलित कविताएँ** में संकलित।]

कल्पना के कानन की रानी!

कल्पना के कानन की रानी!
आओ, आओ मृदु-पद, मेरे
मानस की कुसुमित वाणी!
सिहर उठें पल्लव के दल, नव अंग;
बहे सुप्त परिमल की मृदुल तरंग;
जागे जीवन की नव ज्योति अमन्द;
हिले वसन्त-समीर-स्पर्श से
वसन तुम्हारा धानी।

मार्ग मनोहर हो मेरे जीवन का;
खुल जाये पथ रूँधा कण्टक-वन का;
धुल जाये मल मेरे तन का, मन का;
देख तुम्हारी मूर्ति मनोहर
रहें ताकते ज्ञानी।

मेरे प्राणों के प्याले को भर दो;
प्रिये, दृगों के मद से मादक कर दो;
मेरी अखिल पुरातन-प्रियता हर दो;
मुझको एक अमर वर दो,
मैंने जिसकी हठ ठानी।

['सुधा', मासिक, लखनऊ, जून, 1930। **गीतिका** में संकलित।]

मुझे स्नेह क्या मिल न सकेगा?

मुझे स्नेह क्या मिल न सकेगा?
स्तब्ध, दग्ध मेरे मरु का तरु
क्या करुणाकर खिल न सकेगा?

जग के दूषित बीज नष्ट कर,
पुलक-स्पन्द भर, खिला स्पष्टतर,
कृपा-समीरण बहने पर, क्या
कठिन हृदय यह हिल न सकेगा?

मेरे दुख का भार, झुक रहा,
इसीलिए प्रति चरण रुक रहा,
स्पर्श तुम्हारा मिलने पर, क्या
महाभार यह झिल न सकेगा?

['सुधा', मासिक, लखनऊ, दिसम्बर, 1930। **गीतिका** में संकलित।]

वर दे, वीणावादिनि वरदे!

वर दे, वीणावादिनि वरदे!
प्रिय स्वतन्त्र-रव अमृत-मन्त्र नव
भारत में भर दे!

काट अन्ध-उर के बन्धन-स्तर
बहा जननि, ज्योतिर्मय निर्झर;
कलुष-भेद-तम हर प्रकाश भर
जगमग जग कर दे!

नव गति, नव लय, ताल-छन्द नव,
नवल कण्ठ, नव जलद-मन्द्र रव;
नव नभ के नव विहग-वृन्द को
नव पर, नव स्वर दे!

['युवक', मासिक, पटना, सितम्बर, 1931। **गीतिका में संकलित।**]

जग का एक देखा तार

जग का एक देखा तार।
कण्ठ अगणित, देह सप्तक,
मधुर स्वर-झंकार।

बहु सुमन, बहुरंग, निर्मित एक सुन्दर हार;
एक ही कर से गुँथा, उर एक शोभा-भार।
गन्ध-शत अरविन्द-नन्दन विश्व-वन्दन-सार,
अखिल-उर-रञ्जन निरञ्जन एक अनिल उदार।

सतत सत्य, अनादि निर्मल सकल सुख-विस्तार;
अयुत अधरों में सुसिञ्चित एक किञ्चित प्यार।
तत्त्व-नभ-तम में सकल-भ्रम-शेष, श्रम-निस्तार,
अलक-मण्डल में यथा मुख-चन्द्र निरलंकार।

['जागरण', पाक्षिक, काशी, 7 मार्च, 1932। **गीतिका में संकलित।**]

रूखी री यह डाल

रूखी री यह डाल, वसन वासन्ती लेगी।
देख खड़ी करती तप अपलक,
हीर-कसी समीर-माला जप,

शैल-सुता अपर्ण-अशना,
पल्लव-वसना बनेगी—
वसन वासन्ती लेगी।

हार गले पहना फूलों का,
ऋतुपति सकल सुकृत-कूलों का
स्नेह सरस भर देगा उर-सर,
स्मरहर को वरेगी।
वसन वासन्ती लेगी।

मधु-व्रत में रत वधू मधुर फल,
देगी जग को स्वाद-तोष-दल,
गरलामृत शिव आशुतोष-बल
विश्व सकल नेगी,
वसन वासन्ती लेगी।

['माधुरी', मासिक, लखनऊ, मार्च, 1932। **गीतिका** में संकलित।]

रँग गयी पग-पग धन्य धरा

रँग गयी पग-पग धन्य धरा,—
हुई जग जगमग मनोहरा।

वर्ण-गन्ध धर, मधु-मरन्द भर,
तरु-उर की अरुणिमा तरुणतर
खुली रूप-कलियों में पल भर
स्तर-स्तर सुपरिसरा।

गूँज उठा पिक-पावन-पञ्चम
खग-कुल-कलरव मृदुल मनोरम,
सुख के भय काँपती प्रणय-क्लम
वन-श्री चारुतरा।

['सुधा', मासिक, लखनऊ, 1 अप्रैल, 1933 ('चयन' शीर्षक स्तम्भ में)। **गीतिका** में संकलित।]

भारति, जय, विजयकरे!

भारति, जय, विजयकरे!
कनक - शस्य - कमलधरे!

लंका पदतल शतदल
गर्जितोर्मि सागर-जल,
धोता शुचि चरण युगल
स्तव कर बहु-अर्थ-भरे।

तरु-तृण-वन-लता वसन,
अञ्चल में खचित सुमन,
गंगा ज्योतिर्जल-कण
धवल-धार हार गले।

मुकुट शुभ्र हिम-तुषार,
प्राण प्रणव ओंकार,
ध्वनित दिशाएँ उदार,
शतरव - शतरव - मुखरे!

['माधुरी', मासिक, लखनऊ, फरवरी, 1936। **गीतिका** में संकलित।]

(प्रिय) यामिनी जागी

(प्रिय) यामिनी जागी।
असल पंकज-दृग अरुण-मुख-
तरुण-अनुरागी।

खुले केश अशेष शोभा भर रहे
पृष्ठ-ग्रीवा-बाहु-उर पर तर रहे;
बादलों में घिर अपर दिनकर रहे,
ज्योति की तन्वी, तड़ित-
द्युति ने क्षमा माँगी।

हेर उर-पट फेर मुख के बाल,
लख चतुर्दिक चली मन्द मराल,
गेह में प्रिय-स्नेह की जय-माल,
वासना की मुक्ति, मुक्ता
त्याग में तागी।

[गीतिका में संकलित।]

सखि, वसन्त आया

सखि, वसन्त आया।
भरा हर्ष वन के मन,
नवोत्कर्ष छाया।

किसलय-वसना नव-वय-लतिका
मिली मधुर प्रिय-उर तरु-पतिका,
मधुप-वृन्द बन्दी—
पिक-स्वर नभ सरसाया।

लता-मुकुल-हार-गन्ध-भार भर,
बही पवन बन्द मन्द मन्दतर,
जागी नयनों में वन-
यौवन की माया।

आवृत सरसी-उर-सरसिज उठे,
केशर के केश कली के छुटे,
स्वर्ण-शस्य-अंचल
पृथ्वी का लहराया।

[गीतिका में संकलित।]

कौन तम के पार

कौन तम के पार?—(रे, कह)
अखिल-पल के स्रोत, जल-जग,
गगन घन-घन-धार (रे, कह)

गन्ध - व्याकुल - कूल - उर - सर,
लहर - कच कर कमल - मुख - पर,
हर्ष - अलि हर स्पर्श - शर, सर
गूँज बारम्बार!—(रे, कह)

उदय में तम-भेद सुनयन,
अस्त-दल ढक पलक-कल तन,
निशा-प्रिय-उर-शयन सुख-धन
सार या कि असार?—(रे, कह)

बरसता आतप यथा जल
कलुष से कृत सुहृत कोमल
अशिव उपलाकार मंगल,
द्रवित जल नीहार!—(रे, कह)

[**गीतिका** में संकलित।]

जला दे जीर्ण-शीर्ण प्राचीन

जला दे जीर्ण-शीर्ण प्राचीन;
क्या करूँगा तन जीवन-हीन?

माँ, तू भारत की पृथ्वी पर
उतर रूपमय माया तन धर,
देवव्रत नरवर पैदा कर
फैला शक्ति नवीन—

फिर उनके मानस-शतदल पर
अपने चारु चरणयुग रख कर,
खिला जगत तू अपनी छवि में
दिव्य ज्योति हो लीन!

[**गीतिका** में संकलित।]

टूटें सकल बन्ध

टूटें सकल बन्ध
कलि के, दिशा-ज्ञान-गत हो बहे गन्ध।

रुद्ध जो धार रे
शिखर-निर्झर झरे,
मधुर कलरव भरे
शून्य शत-शत रन्ध्र।
रश्मि ऋजु खींच दे
चित्र शत रङ्ग के,
वर्ण-जीवन फले,
जागे तिमिर अन्ध।

[गीतिका में संकलित।]

प्रात तव द्वार पर

प्रात तव द्वार पर,
आया, जननि, नैश अन्ध पथ पार कर।

लगे जो उपल पद, हुए उत्पल ज्ञात,
कण्टक चुभे जागरण बने अवदात,
स्मृति में रहा पार करता हुआ रात,
अवसन्न भी हूँ प्रसन्न मैं प्राप्तवर—
प्राप्त तव द्वार पर।

समझ क्या वे सकेंगे भीरु मलिन-मन,
निशाचर तेजहत रहे जो वन्य जन,
धन्य जीवन कहाँ,—मात:, प्रभात-धन,
प्राप्ति को बढ़ें जो गहें तव पद अमर—
प्रात तब द्वार पर।

[**गीतिका** में संकलित।]

तुलसीदास

(1 से 35 छन्द)

[1]

भारत के नभ का प्रभापूर्य
शीतलच्छाय सांस्कृतिक सूर्य
अस्तमित आज रे—तमस्तूर्य दिङ्मण्डल;
उर के आसन पर शिरस्त्राण
शासन करते हैं मुसलमान;
है ऊर्मिल जल, निश्चलत्प्राण पर शतदल।

[2]

शत-शत अब्दों का सांध्य काल
यह आकुंचित भ्रू कुटिल-भाल
छाया अम्बर पर जलद-जाल ज्यों दुस्तर;
आया पहले पंजाब प्रान्त,
कोशल-बिहार तदनन्त क्रान्त,
क्रमशः प्रदेश सब हुए भ्रान्त, घिर-घिरकर।

[3]

मोगल-दल बल के जलद-यान,
दर्पित-पद उन्मद-नद पठान
बहा रहे दिग्देशज्ञान, शर-खरतर,
छाया ऊपर घन-अन्धकार—
टूटता वज्र दह दुर्निवार,
नीचे प्लावन की प्रलय-धार, ध्वनि हर-हर।

[4]

रिपु के समक्ष जो था प्रचण्ड
आतप ज्यों तम पर करोद्दण्ड;

निश्चल अब वही बुंदेलखण्ड, आभा गत,
निःशेष सुरभि, कुरबक-समान
संलग्न वृन्त पर, चिन्त्य प्राण,
बीता उत्सव ज्यों, चिन्ह म्लान; छाया श्लथ।

[5]

वीरों का गढ़, वह कालिंजर,
सिंहों के लिए आज पिंजर;
नर हैं भीतर, बाहर किन्नर-गण गाते;
पीकर ज्यों प्राणों का आसव
देखा असुरों ने दैहिक दव,
बन्धन में फँस आत्मा-बांधव दुख पाते।

[6]

लड़-लड़ जो रण बाँकुरे समर,
हो शयित देश की पृथ्वी पर,
अक्षर, निर्जर, दुर्धर्ष, अमर, जगतारण
भारत के उर के राजपूत,
उड़ गये आज वे देवदूत,
जो रहे शेष, नृपवेश सूत-बन्दीगण।

[7]

यों, मोगल-पद-तल प्रथम तूर्ण
सम्बद्ध देश-बल चूर्ण-चूर्ण;
इसलाम-कलाओं से प्रपूर्ण जन-जनपद;
संचित जीवन की क्षिप्रधार,
इसलाम - सागराभिमुखऽपार,
बहतीं नदियाँ, नद; जन-जन हार वशंवद।

[8]

अब, धौत धरा, खिल गया गगन,
उर-उर को मधुर, तापप्रशमन
बहती समीर, चिर-आलिंगन ज्यों उन्मन।
झरते हैं शशधर से क्षण-क्षण
पृथ्वी के अधरों पर निःस्वन
ज्योतिर्मय प्राणों के चुम्बन, संजीवन!

[9]

भूला दुख, अब सुख-स्वरित जाल
फैला—यह केवल-कल्प काल—
कामिनी-कुमुद-कर-कलित ताल पर चलता;
प्राणों की छवि मृदु-मन्द-स्पन्द,
लघु-गति, नियमित-पद, ललित-छन्द;
होगा कोई, जो निरानन्द, कर मलता।

[10]

सोचता कहाँ रे, किधर कूल
कहता तरंग का प्रमुद फूल?
यों इस प्रवाह में देश मूल खो बहता;
'छल-छल-छल' कहता यद्यपि जल,
वह मन्त्र मुग्ध सुनता 'कल-कल';
निष्क्रिय; शोभा-प्रिय कूलोपल ज्यों रहता।

[11]

पड़ते हैं जो दिल्ली-पथ पर
यमुना के तट के श्रेष्ठ नगर,
वे हैं समृद्धि की दूर-प्रसर माया में;

यह एक उन्हीं में राजापुर,
हैं पूर्ण कुशल व्यवसाय-प्रचुर,
ज्योतिश्चुम्बिनी कलश-मधु-उर छाया में।

[12]

युवकों में प्रमुख रत्न-चेतन
समधीत - शास्त्र - काव्यालोचन
जो, तुलसीदास, वही ब्राह्मण-कुल-दीपक;
आयत-दृग, पुष्ट-देह, गत-भय,
अपने प्रकाश मैं निःसंशय
प्रतिभा का मन्द-स्मित परिचय, संस्मारक;

[13]

नीली उस यमुना के तट पर
राजापुर का नागरिक मुखर
क्रीड़ितवय-विद्याध्ययनान्तर है संस्थित;
प्रियजन को जीवन चारु, चपल
जल की शोभा का-सा उत्पल,
सौरभोत्कलित अम्बर-तल, स्थल-स्थल, दिक-
दिक।

[14]

एक दिन, सखागण संग, पास,
चल चित्रकूटगिरि, सहोच्छ्वास,
देखा पावन वन, नव प्रकाश मन आया;
वह भाषा—छिपती छवि सुन्दर
कुछ खुलती आभा में रँगकर,
वह भाव कुरल-कुहरे-सा भरकर भाया।

[15]

केवल विस्मित मन, चिन्त्य नयन;
परिचित कुछ, भूला ज्यों प्रियजन—
ज्यों दूर दृष्टि की धूमिल-तन तट-रेखा,
हो मध्य तरंगाकुल सागर,
नि:शब्द स्वप्नसंस्कारागर;
जल में अस्फुट छवि छायाधर, यों देखा।

[16]

तरु - तरु वीरुध्-वीरुध् तृण-तृण
जाने क्या हँसते मसृण-मसृण,
जैसे प्राणों से हुए उऋण, कुछ लखकर;
भर लेने को उर में, अथाह,
बाहों में फैलाया उछाह;
गिनते थे दिन, अब सफल-चाह पल रखकर।

[17]

कहता प्रति जड़, "जंगम-जीवन!
भूले थे अब तक बन्धु, प्रमन?
यह हताश्वास मन भार श्वास भर बहता;
तुम रहे छोड़ गृह मेरे कवि,
देखो यह धूलि-धूसरित छवि,
छाया इस पर केवल जड़ रवि खर दहता।

[18]

"हनती आँखों की ज्वाला चल,
पाषाण-खण्ड रहता जल-जल,

ऋतु सभी प्रबलतर बदल-बदलकर आते;
वर्षा में पंक-प्रवाहित सरि,
है शीर्ण-काय-कारण हिम अरि;
केवल दुख देकर उदरम्भरि जन जाते।

[19]

"फिर असुरों से होती क्षण-क्षण
स्मृति की पृथ्वी यह, दलित-चरण;
वे सुप्त भाव, गुप्ताभूषण अब हैं सब;
इस जग के मग के मुक्त-प्राण!
गाओ—विहंग!—सद्ध्वनित गान,
त्यागोज्जीवित, वह ऊर्ध्व ध्यान, धारा-स्तव।

[20]

"लो चढ़ा तार—लो चढ़ा तार,
पाषाण-खण्ड ये, करो हार,
दे स्पर्श अहल्योद्धार-सार उस जग का;
अन्यथा यहाँ क्या? अन्धकार,
बन्धुर पथ, पंकिल सरि, कगार,
झरने, झाड़ी, कंटक; विहार पशु-खग का!

[21]

"अब स्मर के शर-केशर से झर
रँगती रज-रज पृथ्वी, अम्बर;
छाया उससे प्रतिमानस-सर शोभाकर;
छिप रहे उसी से वे प्रियतम
छवि के निश्छल देवता परम;
जागरणोपम यह सुप्ति-विरम भ्रम, भ्रम भर।"

[22]

बहकर समीर ज्यों पुष्पाकुल
वन को कर जाती है व्याकुल,
हो गया चित्त कवि का त्यों तुलकर उन्मन;
वह उस शाखा का वन-विहंग
उड़ गया मुक्त नभ निस्तरंग
छोड़ता रंग पर रंग—रंग पर जीवन।

[23]

दूर, दूरतर, दूरतम, शेष,
कर रहा पार मन नभोदेश,
सजता सुवेश, फिर-फिर सुवेश जीवन पर,
छोड़ता रंग फिर-फिर सँवार
उड़ती तरंग ऊपर अपार
संध्या ज्योति ज्यों सुविस्तार अम्बर तर।

[24]

उस मानस उर्ध्व देश में भी
ज्यों राहु-अस्त आभा रवि की
देखी कवि ने छवि छाया-सी, भरती-सी—
भारत का सम्यक् देशकाल;
खिंचता जैसे तम-शेष जाल,
खींचती, बृहत् से अन्तराल करती-सी।

[25]

बँध भिन्न-भिन्न भावों के दल
क्षुद्र से क्षुद्रतर, हुए विकल;

पूजा में भी प्रतिरोध-अनल है जलता;
हो रहा भस्म अपना जीवन,
चेतना-हीन फिर भी चेतन;
अपने ही मन को यों प्रति मन है छलता।

[26]

इसने ही जैसे बार-बार
दूसरी शक्ति की की पुकार—
साकार हुआ ज्यों निराकार, जीवन में;
यह उसी शक्ति से है वलयित
चित देश-काल का सम्यक् जित,
ऋतु का प्रभाव जैसे संचित तरु-तन में!

[27]

विधि की इच्छा सर्वत्र अटल;
यह देश प्रथम ही था हत-बल;
वे टूट चुके थे ठाट सकल वर्णों के;
तृष्णोद्धत, स्पर्धागत, सगर्व
क्षत्रिय रक्षा से रहित सर्व;
द्विज चाटुकार हत इतर वर्ग पर्णों के।

[28]

चलते-फिरते, पर निस्सहाय,
वे दीन, क्षीण कंकालकाय;
आशा-केवल जीवनोपाय उर-उर में;
रण के अश्वों से शस्य सकल
दलमल जाते ज्यों, दल के दल
शूद्रगण क्षुद्र-जीवन-सम्बल, पुर-पुर में।

[29]

वे शेष-श्वास, पशु, मूक-भाष,
पाते प्रहार अब हताश्वास;
सोचते कभी, आजन्म ग्रास द्विजगण के
होना ही उनका धर्म परम,
वे वर्णाधम, रे द्विज उत्तम,
वे चरण-चरण बस, वर्णाश्रम-रक्षण के!

[30]

रक्खा उन पर गुरु-भार, विषम
जो पहला पद, अब मद-विष-सम;
द्विज लोगों पर इस्लाम-क्षम वह छाया,
जो देश-काल को आवृत कर
फैली है सूक्ष्म मनोनभ पर,
देखी कवि ने समझा अब—वर, क्या माया।

[31]

इस छाया के भीतर हैं सब,
है बँधा हुआ सारा कलरव,
भूले सब इस तम का आसव पी-पीकर।
इसके भीतर रह देश-काल
हो सकेगा न रे मुक्त-भाल,
पहले का-सा उन्नत विशाल ज्योति:सर।

[32]

दीनों की भी दुर्बल पुकार
कर सकती नहीं कदापि पार

पार्थिवैश्वर्य का अन्धकार पीड़ाकर,
जब तक कांक्षाओं के प्रहार
अपने साधन को बार-बार
होंगे भारत पर इस प्रकार तृष्णापर।

[33]

सोचा कवि ने, मानस-तरंग,
यह भारत-संस्कृति पर सभंग
फैली जो, लेती संग-संग, जन-गण को;
इस अनिल-वाह के पार प्रखर
किरणों का वह ज्योतिर्मय घर,
रविकुल-जीवन-चुम्बनकर मानस-धन जो।

[34]

है वही मुक्ति का सत्य रूप,
यह कूप-कूप भव-अन्ध कूप;
वह रंक, यहाँ जो हुआ भूप, निश्चय रे।
चाहिए उसे और फिर और,
फिर साधारण को कहाँ ठौर?
जीवन के, जग के, यही तौर हैं जय के।

[35]

करना होगा यह तिमिर पार—
देखना सत्य का मिहिर-द्वार—
बहना जीवन के प्रखर ज्वार में निश्चय—
लड़ना विरोध से द्वन्द्व-समर,
रह सत्य-मार्ग पर स्थिर निर्भर—
जाना, भिन्न भी देह, निज घर निःसंशय।

सच है

यह सच है :—
तुमने जो दिया दान दान वह,
हिन्दी के हित का अभिमान वह,
जनता का जन-ताका ज्ञान वह,
सच्चा कल्याण वह अथच है—
यह सच है!

बार बार हार हार मैं गया,
खोजा जो हार क्षार में नया,—
उड़ी धूल, तन सारा भर गया,
नहीं फूल, जीवन अविकच है—
यह सच है!

[रचनाकाल : 7 अक्तूबर, 1935। द्वितीय **अनामिका** में संकलित।]

सरोज-स्मृति

ऊनविंश पर जो प्रथम चरण
तेरा वह जीवन-सिन्धु-तरण :
तनये, ली कर दृक्पात तरुण
जनक से जन्म की विदा अरुण!
गीते मेरी, तज रूप-नाम
वर लिया अमर शाश्वत विराम
पूरे कर शुचितर सपर्याय
जीवन के अष्टादशाध्याय,
चढ़ मृत्यु-तरणि पर तूर्ण-चरण
कह—"पित:, पूर्ण आलोक वरण

करती हूँ मैं, यह नहीं मरण,
'सरोज' का ज्योति:शरण—तरण"—
अशब्द अधरों का, सुना, भाष,
मैं कवि हूँ, पाया है प्रकाश
मैंने कुछ अहरह रह निर्भर
ज्योतिस्तरणा के चरणों पर।
जीवित-कविते, शत-शर-जर्जर
छोड़कर पिता को पृथ्वी पर
तू गयी स्वर्ग, क्या यह विचार—
"जब पिता करेंगे मार्ग पार
यह, अक्षम अति, तब मैं सक्षम,
तारूँगी कर गह दुस्तर तम?"
कहता तेरा प्रयाण सविनय,—
कोई न अन्य था भावोदय।
श्रावण-नभ का स्तब्धान्धकार
शुक्ला प्रथमा, कर गयी पार!

धन्ये, मैं पिता निरर्थक था,
कुछ भी तेरे हित न कर सका!
जाना तो अर्थागमोपाय
पर रहा सदा संकुचित-काय
लखकर अनर्थ आर्थिक पथ पर
हारता रहा मैं स्वार्थ-समर।
शुचिते, पहनाकर चीनांशुक
रख सका न तुझे अत: दधिमुख।
क्षीण का न छीना कभी अन्न,
मैं लख न सका वे दृग विपन्न :
अपने आँसुओं अत: बिम्बित
देखे हैं अपने ही मुख-चित।

सोचा है नत हो बार-बार—
"यह हिन्दी का स्नेहोपहार,
यह नहीं हार मेरी भास्वर
वह रत्नहार-लोकोत्तर वर।"
अन्यथा, जहाँ है भाव शुद्ध
साहित्य - कला-कौशल-प्रबुद्ध,
हैं दिये हुए मेरे प्रमाण
कुछ वहाँ, प्राप्ति को समाधान,—
पार्श्व में अन्य रख कुशल हस्त
गद्य में पद्य में समाभ्यस्त—
देखें वे; हँसते हुए प्रवर
जो रहे देखते सदा समर,
एक साथ जब शत घात घूर्ण
आते थे मुझ पर तुले तूर्ण,
देखता रहा मैं खड़ा अपल
वह शर-क्षेप, वह रण-कौशल।
व्यक्त हो चुका चीत्कारोत्कल
क्रुद्ध युद्ध का रुद्ध-कण्ठ फल।
और भी फलित होगी वह छवि,
जागे जीवन जीवन का रवि,
लेकर कर कल तूलिका कला,
देखो क्या रँग भरती विमला,
वांछित उस किस लांछित छवि पर
फेरती स्नेह की कूची भर।

अस्तु मैं उपार्जन को अक्षम
कर नहीं सका पोषण उत्तम
कुछ दिन को, जब तू रही साथ,
अपने गौरव से झुका माथ,
पुत्री भी, पिता-गेह में स्थिर,

छोड़ने के प्रथम जीर्ण अजिर।
आँसुओं सजल दृष्टि की छलक
पूरी न हुई जो रही कलक
प्राणों की प्राणों में दबकर
कहती लघु-लघु उसाँस में भर :
समझता हुआ मैं रहा देख
हटती भी पथ पर दृष्टि टेक।

तू सवा साल की जब कोमल,
पहचान रही ज्ञान में चपल,
माँ का मुख, हो चुम्बित क्षण-क्षण,
भरती जीवन में नव जीवन,
वह चरित पूर्ण कर गयी चली,
तू नानी की गोद जा पली।
सब किये वहीं कौतुक-विनोद
उस घर निशि-वासर भरे मोद;
खायी भाई की मार, विकल
रोयी, उत्पल-दल-दृग-छलछल,
चुमकारा फिर उसने निहार,
फिर गंगा-तट-सैकत विहार
करने को लेकर साथ चला,
तू गहकर चली हाथ चपला;
आँसुओं धुला मुख हासोच्छल,
लखती प्रसार वह ऊर्मि-धवल।
तब भी मैं इसी तरह समस्त
कवि जीवन में व्यर्थ भी व्यस्त
लिखता अबाध गति मुक्त छन्द,
पर सम्पादकगण निरानन्द
वापस कर देते पढ़ सत्वर
रो एक-पंक्ति-दो में उत्तर।

लौटी रचना लेकर उदास
ताकता हुआ मैं दिशाकाश
बैठा प्रान्तर में दीर्घ प्रहर
व्यतीत करता था गुन-गुन कर
सम्पादक के गुण; यथाभ्यास
पास की नोचता हुआ घास
अज्ञात फेंकता इधर-उधर
भाव की चढ़ी पूजा उन पर।

याद है, दिवस की प्रथम धूप
थी पड़ी हुई तुझ पर सुरूप,
खेलती हुई तू परी चपल,
मैं दूरस्थित प्रवास से चल
दो वर्ष बाद, होकर उत्सुक
देखने के लिए अपने मुख
था गया हुआ, बैठा बाहर
आँगन में फाटक के भीतर
मोढ़े पर, ले कुण्डली हाथ
अपने जीवन की दीर्घ गाथ।
पढ़ लिखे हुए शुभ दो विवाह
हँसता था, मन में बढ़ी चाह
खण्डित करने को भाग्य—अंक,
देखा भविष्य के प्रति अशंक।

इससे पहले आत्मीय स्वजन
सस्नेह कह चुके थे, जीवन
सुखमय होगा, विवाह कर लो
जो पढ़ी-लिखी हो—सुन्दर हो।
आये ऐसे अनेक परिणय,
पर विदा किया मैंने सविनय

सबको, जो अड़े प्रार्थना भर
नयनों में, पाने को उत्तर
अनुकूल, उन्हें जब कहा निडर—
"मैं हूँ मंगली", मुड़े सुनकर।
इस बार एक आया विवाह
जो किसी तरह भी हतोत्साह
होने को न था, पड़ी अड़चन,
आया मन में भर आकर्षण
उन नयनों का, सासु ने कहा—
"वे बड़े भले जन हैं, भय्या,
एन्ट्रेन्स पास है लड़की वह,
बोले मुझसे, 'छब्बिस ही तो
वर की है उम्र, ठीक ही है,
लड़की भी अट्ठारह की है।'
फिर हाथ जोड़ने लगे, कहा—
'वे नहीं कर रहे ब्याह, अहा,
हैं सुधरे हुए बड़े सज्जन!
अच्छे कवि, अच्छे विद्वज्जन!
हैं बड़े नाम उनके! शिक्षित
लड़की भी रूपवती; समुचित
आपको यही होगा कि कहें
हर तरह उन्हें; वर सुखी रहें।'
आयेंगे कल।" दृष्टि थी शिथिल,
आयी पुतली तू खिल-खिल-खिल
हँसती, मैं हुआ पुनः चेतन
सोचता हुआ विवाह-बन्धन।
कुण्डली दिखा बोला—"ए—लो"
आयी तू, दिया, कहा, "खेलो!"
कर स्नान-शेष, उन्मुक्त-केश
सासुजी रहस्य - स्मित सुवेश

आयीं करने को बातचीत
जो कल होनेवाली, अजीत,
संकेत किया मैंने अखिन्न
जिस ओर कुण्डली छिन्न-भिन्न;
देखने लगीं वे विस्मय भर
तू बैठी सञ्चित टुकड़ों पर।
धीरे-धीरे फिर बढ़ा चरण,
बाल्य की केलियों का प्राङ्गण
कर पार, कुञ्ज-तारुण्य सुघर
आयी, लावण्य-भार थर-थर
काँपा कोमलता पर सस्वर
ज्यों मालकौश नव वीणा पर :
नैश स्वप्न ज्यों तू मन्द-मन्द
फूटी ऊषा जागरण-छन्द,
काँपी भर निज आलोक-भार,
काँपा वन, काँपा दिक प्रसार।
परिचय-परिचय पर खिला सकल—
नभ, पृथ्वी, द्रुम, कलि, किसलय-दल।
क्या दृष्टि! अतल की सिक्त-धार
ज्यों भोगावती उठी अपार,
उमड़ता ऊर्ध्व को कल सलील
जल टलमल करता नील-नील,
पर बँधा देह के दिव्य बाँध,
छलकता दृगों से साध-साध।
फूटा कैसा प्रिय कण्ठ-स्वर
माँ की मधुरिमा व्यञ्जना भर
हर पिता-कण्ठ की दृप्त-धार
उत्कलित रागिनी की बहार!
बन जन्मसिद्ध गायिका, तन्वि,
मेरे स्वर की रागिनी वह्नि

साकार हुई दृष्टि में सुघर,
समझा मैं क्या संस्कार प्रखर।
शिक्षा के बिना बना वह स्वर
है, सुना न अब तक पृथ्वी पर!
जाना बस, पिक-बालिका प्रथम
पल अन्य नीड़ में जब सक्षम
होती उड़ने को, अपना स्वर
भर करती ध्वनित मौन प्रान्तर।
तू खिंची दृष्टि में मेरी छवि,
जागा उर में तेरा प्रिय कवि,
उन्मनन-गुञ्ज सज हिला कुञ्ज
तरु-पल्लव कलि-दल पुञ्ज-पुञ्ज
बह चली एक अज्ञात वात
चूमती केश-मृदु नवल गात,
देखती सकल निष्पलक-नयन
तू, समझा मैं तेरा जीवन।

सासु ने कहा लख एक दिवस :—
"भैया अब नहीं हमारा बस,
पालना-पोसना रहा काम,
देना 'सरोज' को धन्य-धाम,
शुचि वर के कर, कुलीन लखकर,
है काम तुम्हारा धर्मोत्तर;
अब कुछ दिन इसे साथ लेकर
अपने घर रहो, ढूँढ़कर वर
जो योग्य तुम्हारे, करो ब्याह
होंगे सहाय हम सहोत्साह।
सुनकर, गुनकर चुपचाप रहा,
कुछ भी न कहा,—न अहो, न अहा;
ले चला साथ मैं तुझे, कनक

ज्यों भिक्षुक लेकर, स्वर्ण-झनक
अपने जीवन की, प्रभा विमल
ले आया निज गृह-छाया-तल।
सोचा मन में हत वार वार—
"ये कान्यकुब्ज-कुल-कुलाङ्गार;
खाकर पत्तल में करें छेद,
इनके कर कन्या, अर्थ खेद,
इस विषय-बेलि में विष ही फल,
यह दग्ध मरुस्थल—नहीं सुजल।"
फिर सोचा—"मेरे पूर्वजगण
गुजरे जिस राह, वही शोभन
होगा मुझको, यह लोक-रीति
कर दूँ पूरी, गो नहीं भीति
कुछ मुझे तोड़ते गत विचार;
पर पूर्ण रूप प्राचीन भार
ढोते मैं हूँ अक्षम; निश्चय
आयेगी मुझमें नहीं विनय
उतनी जो रेखा करे पार
सौहार्द-बन्ध की, निराधार।
वे जो जमुना के-से कछार
पद फटे बिवाई के, उधार
खाये के मुख ज्यों, पिये तेल
चमरौधे जूते से सकेल
निकले, जी लेते, घोर-गन्ध,
उन चरणों को मैं यथा अन्ध,
कल घ्राण-प्राण से रहित व्यक्ति
हो पूजूँ, ऐसी नहीं शक्ति।
ऐसे शिव से गिरिजा-विवाह
करने की मुझको नहीं चाह।"
फिर आयी याद—मुझे सज्जन

है मिला प्रथम ही विद्वज्जन
नवयुवक एक, सत्साहित्यिक,
कुल कान्यकुब्ज, यह नैमित्तिक
होगा कोई इङ्गित अदृश्य,
मेरे हित है हित यही स्पृश्य
अभिनन्दनीय। बँध गया भाव,
खुल गया हृदय का स्नेह-स्राव,
खत लिखा, बुला भेजा तत्क्षण,
युवक भी मिला प्रफुल्ल, चेतन।
बोला मैं—"मैं हूँ रिक्त-हस्त
इस समय, विवेचन में समस्त—
जो कुछ है मेरा अपना धन
पूर्वज से मिला, करूँ अर्पण
यदि महाजनों को, तो विवाह
कर सकता हूँ पर नहीं चाह
मेरी ऐसी, दहेज देकर
मैं मूर्ख बनूँ यह नहीं सुघर,
बारात बुलाकर मिथ्या व्यय
मैं करूँ, नहीं ऐसा सुसमय।
तुम करो ब्याह, तोड़ता नियम
मैं सामाजिक योग के प्रथम,
लग्न के; पढ़ूँगा स्वयं मन्त्र
यदि पण्डितजी होंगे स्वतन्त्र।
जो कुछ मेरे, वह कन्या का,
निश्चय समझो, कुल धन्या का।"
आये पण्डितजी, प्रजावर्ग,
आमन्त्रित साहित्यिक, ससर्ग
देखा विवाह आमूल नवल,
तुझ पर शुभ पड़ा कलश का जल।
देखती मुझे तू, हँसी मन्द,

होठों में बिजली फँसी, स्पन्द
उर में भर झूली छबि सुन्दर,
प्रिय की अशब्द शृंगार-मुखर
तू खुली एक-उच्छ्वास-संग,
विश्वास-स्तब्ध बँध अङ्ग-अङ्ग,
नत नयनों से आलोक उतर
काँपा अधरों पर थर-थर-थर।
देखा मैंने, वह मूर्ति-धीति
मेरे वसन्त की प्रथम गीति—
शृंगार, रहा जो निराकार
रस कविता में उच्छ्वसित-धार
गाया स्वर्गीया-प्रिया-सङ्ग—
भरता प्राणों में राग-रङ्ग,
रति-रूप प्राप्त कर रहा वही,
आकाश बदलकर बना मही।

हो गया ब्याह, आत्मीय स्वजन
कोई थे नहीं, न आमन्त्रण
था भेजा गया, विवाह-राग
भर रहा न घर निशि-दिवस जाग;
प्रिय मौन एक सङ्गीत भरा
नव जीवन के स्वर पर उतरा।
माँ की कुल शिक्षा मैंने दी,
पुष्प-सेज तेरी स्वयं रची,
सोचा मन में—"वह शकुन्तला,
पर पाठ अन्य यह, अन्य कला।"
कुछ दिन रह गृह तू फिर समोद,
बैठी नानी की स्नेह-गोद।
मामा-मामी का रहा प्यार,
भर जलद धरा को ज्यों अपार;

वे ही सुख-दुख में रहे न्यस्त,
तेरे हित सदा समस्त, व्यस्त:
वह लता वहीं की, जहाँ कली
तू खिली, स्नेह से हिली, पली,
अन्त भी उसी गोद में शरण
ली, मूँदे दृग वर महामरण!

मुझ भाग्यहीन की तू सम्बल
युग वर्ष बाद जब हुई विकल,
दुख ही जीवन की कथा रही
क्या कहूँ आज, जो नहीं कही!
हो इसी कर्म पर वज्रपात
यदि धर्म, रहे नत सदा माथ
इस पथ पर, मेरे कार्य सकल
हों भ्रष्ट शीत के-से शतदल!
कन्ये, गत कर्मों का अर्पण
कर, करता मैं तेरा तर्पण!

[रचनाकाल : 9 अक्तूबर, 1935। 'सुधा', मासिक, लखनऊ, जनवरी, 1936, में प्रकाशित। द्वितीय **अनामिका** में संकलित।]

राम की शक्ति-पूजा

रवि हुआ अस्त : ज्योति के पत्र पर लिखा अमर
रह गया राम-रावण का अपराजेय समर
आज का, तीक्ष्ण-शर-विधृत-क्षिप्र-कर, वेग-प्रखर,
शतशेलसम्वरणशील, नीलनभ - गर्ज्जित - स्वर
प्रतिपल - परिवर्तित - व्यूह—भेद - कौशल-समूह,—
राक्षस-विरुद्ध प्रत्यूह,—क्रुद्ध-कपि-विषम-हूह,
विच्छुरितवह्नि - राजीवनयन - हत - लक्ष्य - बाण,

लोहितलोचन — रावण - मदमोचन - महीयान,
राघव - लाघव—रावण-वारण—गत - युग्म - प्रहर,
उद्धत - लंकापति- मर्द्दित - कपि-दल-बल - विस्तर,
अनिमेष-राम—विश्वजिद्दिव्य-शर-भङ्ग-भाव,—
विद्धाङ्ग—बद्ध-कोदण्ड-मुष्टि—खर-रुधिर-स्राव,
रावण - प्रहार - दुर्वार - विकल - वानर दल - बल,—
मूर्च्छित-सुग्रीवाङ्गद - भीषण-गवाक्ष - गय-नल,—
वारित - सौमित्र-भल्लपति—अगणित-मल्ल-रोध,
गर्ज्जित - प्रलयाब्धि-क्षुब्ध - हनुमत्-केवल-प्रबोध,
उद्गीरित - वह्नि-भीम - पर्वत-कपि-चतुः प्रहर,—
जानकी-भीरु - उर—आशाभर,—रावण - सम्वर।

लौटे युग - दल। राक्षस - पदतल पृथ्वी टलमल,
बिंध महोल्लास से बार - बार आकाश विकल।
बानर-वाहिनी खिन्न, लख निज-पति-चरण-चिह्न
चल रही शिविर की ओर स्थविर-दल ज्यों विभिन्न;
प्रशमित है वातावरण; नमित-मुख सांध्य कमल
लक्ष्मण चिन्ता - पल, पीछे वानर - वीर सकल;
रघुनायक आगे अवनी पर नवनीत-चरण,
श्लथ धनु-गुण है, कटिबन्ध स्रस्त—तूणीर-धरण,
दृढ़ जटा-मुकुट हो विपर्यस्त प्रतिलट से खुल
फैला पृष्ठ पर, बाहुओं पर, वक्ष पर, विपुल
उतरा ज्यों दुर्गम पर्वत पर नैशान्धकार,
चमकतीं दूर ताराएँ ज्यों हो कहीं पार।

आये सब शिविर, सानु पर पर्वत के, मन्थर,
सुग्रीव, विभीषण, जाम्बवान आदिक वानर,
सेनापति दल-विशेष के, अंगद, हनूमान
नल, नील, गवाक्ष, प्रात के रण का समाधान
करने के लिए, फेर वानर-दल आश्रय-स्थल।

बैठे रघु-कुल-मणि श्वेत शिला पर; निर्मल जल
ले आये कर-पद-क्षालनार्थ पटु हनूमान;
अन्य वीर सर के गये तीर संध्या-विधान—
वन्दना ईश की करने को, लौटे सत्वर,
सब घेर राम को बैठे आज्ञा को तत्पर;
पीछे लक्ष्मण, सामने विभीषण, भल्लधीर,
सुग्रीव, प्रान्त पर पाद-पद्म के, महावीर;
यूथपति अन्य जो, यथास्थान, हो निर्निमेष
देखते राम का जित-सरोज-मुख-श्याम-देश।

है अमानिशा; उगलता गगन घन अन्धकार;
खो रहा दिशा का ज्ञान; स्तब्ध है पवन-चार;
अप्रतिहत गरज रहा पीछे अम्बुधि विशाल;
भूधर ज्यों ध्यान-मग्न; केवल जलती मशाल।
स्थिर राघवेन्द्र को हिला रहा फिर-फिर संशय,
रह-रह उठता जग जीवन में रावण-जय-भय;
जो नहीं हुआ आज तक हृदय रिपु-दम्य—श्रान्त,—
एक भी, अयुत-लक्ष में रहा जो दुराक्रान्त,
कल लड़ने को हो रहा विकल वह बार-बार,
असमर्थ मानता मन उद्यत हो हार - हार;
ऐसे क्षण अन्धकार घन में जैसे विद्युत
जागी पृथ्वी - तनया - कुमारिका - छवि, अच्युत
देखते हुए निष्पलक, याद आया उपवन
विदेह का, —प्रथम स्नेह का लतान्तराल मिलन
नयनों का—नयनों से गोपन—प्रिय सम्भाषण,—
पलकों का नव पलकों पर प्रथमोत्थान - पतन,—
काँपते हुए किसलय,—झरते पराग—समुदय,—
गातेखग-नव-जीवन-परिचय—तरुमलय-वलय,—
ज्योति:प्रपात स्वर्गीय,—ज्ञात छवि प्रथम स्वीय,—
जानकी - नयन - कमनीय प्रथम कम्पन तुरीय।

सिहरा तन, क्षण-भर भूला मन, लहरा समस्त,
हर धनुर्भंग को पुनर्वार ज्यों उठा हस्त,
फूटी स्मिति सीता-ध्यान-लीन राम के अधर,
फिर विश्व - विजय - भावना हृदय में आयी भर,
वे आये याद दिव्य शर अगणित मन्त्रपूत,—
फड़का पर नभ को उड़े सकल ज्यों देवदूत,
देखते राम, जल रहे शलभ ज्यों रजनीचर,
ताड़का, सुबाहु, विराध, शिरस्त्रय, दूषण, खर;
फिर देखी भीमा मूर्ति आज रण देखी जो
आच्छादित किये हुए सम्मुख समग्र नभ को,
ज्योतिर्मय अस्त्र सकल बुझ-बुझकर हुए क्षीण,
पा महानिलय उस तन में क्षण में हुए लीन;
लख शंकाकुल हो गये अतुल-बल शेष-शयन,—
खिंचे गये दृगों में सीता के राममय नयन;
फिर सुना—हँस रहा अट्टहास रावण खलखल,
भावित नयनों से सजल गिरे दो मुक्ता-दल।

बैठे मारुति देखते राम - चरणारविन्द—
युग 'अस्ति-नास्ति' के एक-रूप, गुण-गण-अनिन्द्य;
साधना-मध्य भी साम्य—वाम-कर दक्षिण-पद,
दक्षिण-कर-तल पर वाम चरण, कपिवर गद्गद
पा सत्य, सच्चिदानन्दरूप, विश्राम - धाम,
जपते सभक्ति अजपा विभक्त हो राम - नाम।
युग चरणों पर आ पड़े अस्तु वे अश्रु युगल,
देखा कपि ने, चमके नभ में ज्यों तारादल;—
ये नहीं चरण राम के, बने श्यामा के शुभ,—
सोहते मध्य में हीरक युग या दो कौस्तुभ;
टूटा वह तार ध्यान का, स्थिर मन हुआ विकल,
सन्दिग्ध भाव की उठी दृष्टि, देखा अविकल
बैठे वे वही कमल-लोचन, पर सजल नयन,

व्याकुल-व्याकुल कुछ चिर-प्रफुल्ल मुख, निश्चेतन।
"ये अश्रु राम के" आते ही मन में विचार,
उद्वेल हो उठा शक्ति - खेल - सागर अपार,
हो श्वसित पवन - उनचास, पिता-पक्ष से तुमुल
एकत्र वक्ष पर बहा वाष्प को उड़ा अतुल,
शत घूर्णावर्त, तरंग - भंग उठते पहाड़,
जल राशि - राशि जल पर चढ़ता खाता पछाड़,
तोड़ता बन्ध—प्रतिसन्ध धरा, हो स्फीत-वक्ष
दिग्विजय-अर्थ प्रतिपल समर्थ बढ़ता समक्ष।
शत-वायु-वेग-बल, डुबा अतल में देश - भाव,
जलराशि विपुल मथ मिला अनिल में महाराव
वज्रांग तेजघन बना पवन को, महाकाश
पहुँचा, एकादशरुद्र क्षुब्ध कर अट्टहास।
रावण - महिमा श्यामा विभावरी अन्धकार,
यह रुद्र राम - पूजन - प्रताप तेज:प्रसार;
उस ओर शक्ति शिव की जो दशस्कन्ध-पूजित,
इस ओर रुद्र-वन्दन जो रघुनन्दन - कूजित;
करने को ग्रस्त समस्त व्योम कपि बढ़ा अटल,
लख महानाश शिव अचल हुए क्षण-भर चञ्चल,
श्यामा के पदतल भारधरण हर मन्द्रस्वर
बोले—"सम्बरो देवि, निज तेज, नहीं वानर
यह,—नहीं हुआ श्रृंगार-युग्म-गत, महावीर,
अर्चना राम की मूर्तिमान अक्षय - शरीर,
चिर - ब्रह्मचर्य - रत, ये एकादश रुद्र धन्य,
मर्यादा - पुरुषोत्तम के सर्वोत्तम, अनन्य,
लीलासहचर, दिव्यभावधर, इन पर प्रहार
करने पर होगी देवि, तुम्हारी विषम हार;
विद्या का ले आश्रय इस मन को दो प्रबोध,
झुक जायेगा कपि, निश्चय होगा दूर रोध।"

कह हुए मौन शिव; पवन-तनय में भर विस्मय
सहसा नभ में अञ्जना-रूप का हुआ उदय;
बोली माता—“तुमने रवि को जब लिया निगल
तब नहीं बोध था तुम्हें, रहे बालक केवल;
यह वही भाव कर रहा तुम्हें व्याकुल रह-रह,
यह लज्जा की है बात कि माँ रहती सह-सह;
यह महाकाश, है जहाँ वास शिव का निर्मल—
पूजते जिन्हें श्रीराम, उसे ग्रसने को चल
क्या नहीं कर रहे तुम अनर्थ ?—सोचो मन में;
क्या दी आज्ञा ऐसी कुछ श्रीरघुनन्दन ने?
तुम सेवक हो, छोड़कर धर्म कर रहे कार्य—
क्या असम्भाव्य हो यह राघव के लिए धार्य?”
कपि हुए नम्र, क्षण में माताछवि हुई लीन,
उतरे धीरे-धीरे, गह प्रभु-पद हुए दीन।

राम का विषण्णानन देखते हुए कुछ क्षण,
“हे सखा,” विभीषण बोले, “आज प्रसन्न वदन
वह नहीं, देखकर जिसे समग्र वीर वानर—
भल्लूक विगत-श्रम हो पाते जीवन-निर्जर;
रघुवीर, तीर सब वही तूण में हैं रक्षित,
है वही वक्ष, रण-कुशल हस्त, बल वही अमित;
हैं वही सुमित्रानन्दन मेघनाद-जित-रण,
हैं वही भल्लपति, वानरेन्द्र सुग्रीव प्रमन,
तारा-कुमार भी वही महाबल श्वेत धीर,
अप्रतिभट वही, एक—अर्बुद-सम, महावीर,
है वही दक्ष सेना-नायक, है वही समर,
फिर कैसे असमय हुआ उदय यह भाव-प्रहर?
रघुकुल गौरव, लघु हुए जा रहे तुम इस क्षण,
तुम फेर रहे हो पीठ हो रहा जब जय रण!
कितना श्रम हुआ व्यर्थ! आया जब मिलन-समय,

तुम खींच रहे हो हस्त जानकी से निर्दय!
रावण, रावण, लम्पट, खल, कल्मष-गताचार,
जिसने हित कहते किया मुझे पाद-प्रहार,
बैठा वैभव में देगा दुख सीता को फिर,—
कहता रण की जय-कथा पारिषद-दल से घिर;—
सुनता वसन्त में उपवन में कल-कूजित पिक
मैं बना किन्तु लंकापति, धिक्, राघव, धिक्-धिक्!''
सब सभा रही निस्तब्ध : राम के स्तिमित नयन
छोड़ते हुए, शीतल प्रकाश देखते विमन
जैसे ओजस्वी शब्दों का जो था प्रभाव
उससे न इन्हें कुछ चाव, न हो कोई दुराव;
ज्यों हों वे शब्द मात्र,—मैत्री की समनुरक्ति,
पर जहाँ गहन भाव के ग्रहण की नहीं शक्ति।
कुछ क्षण तक रहकर मौन महज निज कोमल स्वर
बोले रघुमणि—"मित्रवर, विजय होगी न समर;
यही नहीं रहा नर-वानर का राक्षस से रण,
उतरीं पा महाशक्ति रावण से आमन्त्रण;
अन्याय जिधर, हैं उधर शक्ति!'' कहते छल-छल
हो गये नयन, कुछ बूँद पुन: ढलके दृगजल,
रुक गया कण्ठ, चमका लक्ष्मण-तेज: प्रचण्ड,
धँस गया धरा में कपि गह युग पद मसक दण्ड,
स्थिर जाम्बवान,—समझते हुए ज्यों सकल भाव,
व्याकुल सुग्रीव,—हुआ उर में ज्यों विषम घाव,
निश्चित-सा करते हुए विभीषण कार्य-क्रम,
मौन में रहा यों स्पन्दित वातावरण विषम।

निज सहज रूप में संयत हो जानकी-प्राण
बोले—"आया न समझ में यह दैवी विधान;
रावण, अधर्मरत भी, अपना, मैं हुआ अपर—
यह रहा शक्ति का खेल समर, शंकर, शंकर!

करता मैं योजित बार-बार शर-निकर निशित
हो सकती जिनसे यह संसृति सम्पूर्ण विजित,
जो तेज:पुञ्ज, सृष्टि की रक्षा का विचार
है जिनमें निहित पतनघातक संस्कृति अपार—
शत-शुद्धि-बोध—सूक्ष्मातिसूक्ष्म मन का विवेक,
जिनमें हैं क्षात्रधर्म का धृत पूर्णाभिषेक,
जो हुए प्रजापतियों से संयम से रक्षित,
वे शर हो गये आज रण में श्रीहत, खण्डित!
देखा, हैं महाशक्ति रावण को लिये अङ्क,
लाञ्छन को ले जैसे शशांक नभ में अशंक
हत मन्त्रपूत शर, संवृत करतीं बार-बार,
निष्फल होते लक्ष्य पर क्षिप्र वार पर वार!
विचलित लख कपिदल, क्रुद्ध युद्ध को मैं ज्यों-ज्यों,
झक-झक झलकती वह्नि वामा के दृग त्यों-त्यों;
पश्चात् देखने लगीं मुझे, बँध गये हस्त,
फिर खिंचा न धनु, मुक्त ज्यों बँधा मैं हुआ त्रस्त!"
कह हुए भानुकुलभूषण वहाँ मौन क्षण-भर,
बोले विश्वस्त कण्ठ से जाम्बवान—"रघुवर,
विचलित होने का नहीं देखता मैं कारण,
हे पुरुष-सिंह, तुम भी यह शक्ति करो धारण,
आराधन का दृढ़ आराधन से दो उत्तर,
तुम वरो विजय संयत प्राणों से प्राणों पर;
रावण अशुद्ध होकर भी यदि कर सका त्रस्त
तो निश्चय तुम हो सिद्ध करोगे उसे ध्वस्त;
शक्ति की करो मौलिक कल्पना, करो पूजन,
छोड़ दो समर जब तक न सिद्धि हो, रघुनन्दन!
तब तक लक्ष्मण हैं महावाहिनी के नायक
मध्य भाग में, अंगद दक्षिण—श्वेत सहायक,
मैं भल्ल-सैन्य; हैं वाम पार्श्व में हनूमान,

नल, नील और छोटे कपिगण—उनके प्रधान;
सुग्रीव, विभीषण, अन्य यूथपति यथासमय
आयेंगे रक्षाहेतु जहाँ भी होगा भय।"

खिल गयी सभा। "उत्तम निश्चय यह, भल्लनाथ!"
कह दिया वृद्ध को मान राम ने झुका माथ।
हो गये ध्यान में लीन पुनः करते विचार,
देखते सकल—तन पुलकित होता बार-बार।
कुछ समय अनन्तर इन्दीवर निन्दित लोचन
खुल गये, रहा निष्पलक भाव में मज्जित मन।
बोले आवेग-रहित स्वर से विश्वास-स्थित—
"मातः, दशभुजा, विश्व-ज्योतिः, मैं हूँ आश्रित;
हो विद्ध शक्ति से है खल महिषासुर मर्दित,
जनरञ्जन-चरण-कमल-तल, धन्य सिंह गर्ज्जित!
यह, यह मेरा प्रतीक, मातः, समझा इंगित;
मैं सिंह, इसी भाव से करूँगा अभिनन्दित।"
कुछ समय स्तब्ध हो रहे राम छवि में निमग्न,
फिर खोले पलक कमल-ज्योतिर्दल ध्यान-लग्न;
हैं देख रहे मन्त्री, सेनापति, वीरासन
बैठे उमड़ते हुए, राघव का स्मित आनन।
बोले भावस्थ चन्द्र-मुख-निन्दित रामचन्द्र,
प्राणों में पावन कम्पन भर, स्वर मेघमन्द्र—
"देखो, बन्धुवर सामने स्थित जो यह भूधर
शोभित शत-हरित-गुल्म-तृण से श्यामल सुन्दर,
पार्वती कल्पना हैं इसकी, मकरन्द - विन्दु;
गरजता चरण - प्रान्त पर सिंह वह, नहीं सिन्धु;
दशदिक - समस्त हैं हस्त, और देखो ऊपर,
अम्बर में हुए दिगम्बर अर्चित शशि-शेखर;
लख महाभाव - मंगल पदतल धँस रहा गर्व—

मानव के मन का असुर मन्द, हो रहा खर्व।"
फिर मधुर दृष्टि से प्रिय कपि को खींचते हुए
बोले प्रियतर स्वर से अन्तर सींचते हुए—
"चाहिये हमें एक सौ आठ, कपि, इन्दीवर,
कम-से-कम, अधिक और हों, अधिक और सुन्दर,
जाओ देवीदह, उष:काल होते सत्वर,
तोड़ो, लाओ वे कमल, लौटकर लड़ो समर।"
अवगत हो जाम्बवान से पथ, दूरत्व, स्थान,
प्रभु - पद - रज सिर धर चले हर्ष भर हनूमान।
राघव ने विदा किया सबको जानकर समय
सब चले सदय राम की सोचते हुए विजय।

निशि हुई विगत : नभ के ललाट पर प्रथम किरण
फूटी, रघुनन्दन के दृग महिमा - ज्योति - हिरण;
है नहीं शरासन आज हस्त—तूणीर स्कन्ध,
वह नहीं सोहता निविड़-जटा-दृढ़ मुकुट-बन्ध;
सुन पड़ता सिंहनाद,—रण-कोलाहल अपार,
उमड़ता नहीं मन, स्तब्ध सुधी हैं ध्यान धार;
पूजोपरान्त जपते दुर्गा, दशभुजा नाम,
मन करते हुए मनन नामों के गुणग्राम;
बीता वह दिवस, हुआ मन स्थिर इष्ट के चरण,
गहन से गहनतर होने लगा समाराधन।
क्रम-क्रम से हुए पार राघव के पञ्च दिवस,
चक्र से चक्र मन चढ़ता गया ऊर्ध्व निरलस;
कर-जप पूरा कर एक चढ़ाते इन्दीवर,
निज पुरश्चरण इस भाँति रहे हैं पूरा कर।
चढ़ षष्ठ दिवस आज्ञा पर हुआ समाहित मन,
प्रति जप से खिंच-खिंच होने लगा महाकर्षण;
सञ्चित त्रिकुटी पर ध्यान द्विदल देवी-पद पर,

जप के स्वर लगा काँपने थर-थर-थर अम्बर;
दो दिन निष्पन्द एक आसन पर रहे राम,
अर्पित करते इन्दीवर, जपते हुए नाम;
आठवाँ दिवस, मन ध्यान-युक्त चढ़ता ऊपर
कर गया अतिक्रम ब्रह्मा-हरि-शंकर का स्तर,
हो गया विजित ब्रह्मांड पूर्ण, देवता स्तब्ध,
हो गये दग्ध जीवन के तप के समारब्ध,
रह गया एक इन्दीवर, मन देखता—पार
प्राय: करने को हुआ दुर्ग जो सहस्रार,
द्विप्रहर रात्रि, साकार हुईं दुर्गा छिपकर,
हँस उठा ले गयीं पूजा का प्रिय इन्दीवर।
यह अन्तिम जप, ध्यान में देखते चरण युगल
राम ने बढ़ाया कर लेने को नील कमल;
कुछ लगा न हाथ, हुआ सहसा स्थिर मन चञ्चल
ध्यान की भूमि से उतरे, खोले पलक विमल,
देखा, वह रिक्त स्थान, यह जप का पूर्ण समय
आसन छोड़ना असिद्धि, भर गये नयनद्वय :—
"धिक् जीवन को जो पाता ही आया विरोध,
धिक् साधन, जिसके लिए सदा ही किया शोध!
जानकी! हाय, उद्धार प्रिया का न हो सका।"
वह एक और मन रहा राम का जो न थका;
जो नहीं जानता दैन्य, नहीं जानता विनय
कर गया भेद वह मायावरण प्राप्त कर जय,
बुद्धि के दुर्ग पहुँचा विद्युत - गति, हतचेतन
राम में जगी स्मृति, हुए सजग पा भाव प्रमन।
"यह है उपाय" कह उठे राम ज्यों मन्द्रित घन—
"कहती थीं माता मुझे सदा राजीवनयन!
दो नील कमल हैं शेष अभी, यह पुरश्चरण
पूरा करता हूँ देकर मात: एक नयन।"

कहकर देखा तूणीर ब्रह्मशर रहा झलक,
ले लिया हस्त, लक-लक करता वह महाफलक;
ले अस्त्र वाम कर, दक्षिण कर दक्षिण लोचन
ले अर्पित करने को उद्यत हो गये सुमन।
जिस क्षण बँध गया बेधने को दृग दृढ़ निश्चय,
काँपा ब्रह्मांड, हुआ देवी का त्वरित उदय :—

"साधु, साधु, साधक धीर, धर्म-धन धन्य राम!"
कह लिया भगवती ने राघव का हस्त थाम।
देखा राम ने—सामने श्री दुर्गा, भास्वर
वाम पद असुर-स्कन्ध पर, रहा दक्षिण हरि पर;
ज्योतिर्मय रूप, हस्त दश विविध-अस्त्र-सज्जित,
मन्द स्मित मुख, लख हुई विश्व की श्री लज्जित,
हैं दक्षिण में लक्ष्मी, सरस्वती वाम भाग,
दक्षिण गणेश, कार्तिक बाँयें रण - रंग राग,
मस्तक पर शंकर। पदपद्मों पर श्रद्धाभर
श्री राघव हुए प्रणत मन्दस्वर वन्दन कर।
"होगी जय, होगी जय, हे पुरुषोत्तम नवीन!"
कह महाशक्ति राम के बदन में हुईं लीन।

[रचनाकाल : 23 अक्तूबर, 1936। अनुमानत: 'भारत', दैनिक, इलाहाबाद, 26 अक्तूबर, 1936, में प्रकाशित। द्वितीय **अनामिका** में संकलित।]

तोड़ती पत्थर

वह तोड़ती पत्थर;
देखा उसे मैंने इलाहाबाद के पथ पर—
वह तोड़ती पत्थर।

कोई न छायादार
पेड़ वह जिसके तले बैठी हुई स्वीकार;
श्याम तन, भर बँधा यौवन,
नत नयन, प्रिय-कर्म-रत मन,
गुरु हथौड़ा हाथ
करती बार-बार प्रहार :—
सामने तरु-मालिका अट्टालिका, प्राकार।

चढ़ रही थी धूप;
गर्मियों के दिन
दिवा का तमतमाता रूप;
उठी झुलसाती हुई लू,
रुई ज्यों जलती हुई भू,
गर्द चिनगीं छा गयीं,
प्रायः हुई दुपहर :—
वह तोड़ती पत्थर।

देखते देखा मुझे तो एक बार
उस भवन की ओर देखा, छिन्नतार;
देखकर कोई नहीं,
देखा मुझे उस दृष्टि से
जो मार खा रोयी नहीं,
सजा सहज सितार,
सुनी मैंने वह नहीं जो थी सुनी झंकार
एक क्षण के बाद वह काँपी सुघर,
ढुलक माथे से गिरे सीकर,
लीन होते कर्म में फिर ज्यों कहा—
'मैं तोड़ती पत्थर।'

[रचनाकाल : 4 अप्रैल, 1937। 'सुधा,' मासिक, लखनऊ, मई, 1937, में प्रकाशित। द्वितीय **अनामिका** में संकलित।]

वन-बेला

वर्ष का प्रथम
पृथ्वी के उठे उरोज मञ्जु पर्वत निरुपम
किसलयों बँधे,
पिक-भ्रमर-गुञ्ज भर मुखर प्राण रच रहे सधे
प्रणय के गान,
सुनकर सहसा,
प्रखर से प्रखरतर हुआ तपन-यौवन सहसा;
ऊर्जित, भास्वर
पुलकित शत शत व्याकुल कर भर
चूमता रसा को बार बार चुम्बित दिनकर
क्षोभ से, लोभ से, ममता से,
उत्कण्ठा से, प्रणय के नयन की समता से,
सर्वस्व दान
देकर, लेकर सर्वस्व प्रिया का सुकृत मान।
दाब में ग्रीष्म,
भीष्म से भीष्म बढ़ रहा ताप,
प्रस्वेद कम्प,
ज्यों ज्यों युग उर में और चाप—
और सुख-झम्प :
निश्वास सघन
पृथ्वी की—बहती लूः निर्जीवन
जड़-चेतन।

यह सांध्य समय,
प्रलय का दृश्य भरता अम्बर,
पीताभ, अग्निमय, ज्यों दुर्जय,
निर्धूम, निरभ्र, दिगन्त-प्रसर,

कर भस्मीभूत समस्त विश्व को एक शेष,
उड़ रही धूल, नीचे अदृश्य हो रहा देश।

मैं मन्द-गमन,
धर्माक्त, विरक्त, पार्श्व-दर्शन से खींच नयन,
चल रहा नदी तट को करता मन में विचार—
हो गया व्यर्थ जीवन,
मैं रण में गया हार!
सोचा न कभी—
अपने भविष्य की रचना पर चल रहे सभी!
—इस तरह बहुत कुछ।
आया निज इच्छित स्थल पर
बैठा एकान्त देखकर
मर्माहत स्वर भर!
फिर लगा सोचने यथासूत्र—"मैं भी होता
यदि राजपुत्र—मैं क्यों न सदा कलंक ढोता,
ये होते—जितने विद्याधर—मेरे अनुचर,
मेरे प्रसाद के लिए विनत-सिर उद्यत-कर;
मैं देता कुछ, रख अधिक, किन्तु जितने पेपर,
सम्मिलित कण्ठ से गाते मेरी कीर्ति अमर,
जीवन-चरित्र
लिख अग्रलेख अथवा, छापते विशाल चित्र।
इतना भी नहीं, लक्षपति का भी यदि कुमार
होता मैं, शिक्षा पाता अरब-समुद्र-पार,
देश की नीति के मेरे पिता परम पण्डित
एकाधिकार रखते भी धन पर, अविचल-चित
होते उग्रतर साम्यवादी, करते प्रचार,
चुनती जनता राष्ट्रपति उन्हें ही सुनिर्धार,
पैसे में दस राष्ट्रीय गीत रचकर उन पर
कुछ लोग बेचते गा-गा गर्दभ-मर्दन-स्वर,

हिन्दी-सम्मेलन भी न कभी पीछे को पग
रखता कि अटल साहित्य कहीं यह हो डगमग,
मैं पाता खबर तार से त्वरित समुद्र-पार
लार्ड के लाड़लों को देता दावत—विहार;
इस तरह खर्च केवल सहस्र षट मास मास
पूरा कर आता लौट योग्य निज पिता पास
वायुयान से, भारत पर रखता चरण-कमल,
पत्रों के प्रतिनिधि-दल में मच जाती हलचल,
दौड़ते सभी, कैमरा हाथ, कहते सत्वर
निज अभिप्राय, मैं सभ्य मान जाता झुककर,
होता फिर खड़ा इधर को मुखकर कभी उधर,
बीसियों भाव की दृष्टि सतत नीचे ऊपर;
फिर देता दृढ़ सन्देश देश को मर्मान्तिक,
भाषा के बिना न रहती अन्य गन्ध प्रान्तिक,
जितने रूस के भाव, मैं कह जाता अस्थिर,
समझते विचक्षण ही जब वे छपते फिर-फिर,
फिर पिता संग
जनता की सेवा का व्रत मैं लेता अभंग,
करता प्रचार
मञ्च पर खड़ा हो, साम्यवाद इतना उदार!

तप तप मस्तक
हो गया सांध्य नभ का रक्ताभ दिगन्त-फलक;
खोलीं आँखें आतुरता से, देखा, अमन्द
प्रेयसी के अलक से आती ज्यों स्निग्ध गन्ध,
'आया हूँ मैं तो यहाँ अकेला, रहा बैठ',
सोचा सत्वर,
देखा फिरकर, घिरकर हँसती उपवन-बेला
जीवन में भर :—
यह ताप, त्रास

मस्तक पर लेकर उठी अतल की अतुल साँस,
ज्यों सिद्धि परम
भेदकर कर्म-जीवन के दुस्तर क्लेश, सुषम
आयी ऊपर,
जैसे पारकर क्षार सागर
अप्सरा सुघर
सिक्त-तन-केश शत लहरों पर
काँपती विश्व के चकित दृश्य के दर्शन-शर।

बोला मैं—'बेला, नहीं ध्यान
लोगों का जहाँ, खिली हो बनकर वन्य गान!
जब ताप प्रखर,
लघु प्याले में अतल की सुशीतलता ज्यों भर
तुम करा रही हो यह सुगन्ध की सुरा पान!'

लाज से नम्र हो उठा, चला मैं और पास
सहसा बह चली सांध्य बेला की सुबातास,
झुक-झुक, तन-तन, फिर झूम-झूम, हँस-हँस, झकोर,

चिरपरिचित चितवन डाल, सहज मुखड़ा मरोर,
भर मुहुर्मुहुर् तन-गन्ध विमल बोली बेला—
'मैं देती हूँ सर्वस्व, छुओ मत, अवहेला
की अपनी स्थिति की जो तुमने, अपवित्र स्पर्श
हो गया तुम्हारा, रुको, दूर से करो दर्श।'

मैं रुका वहीं,
वह शिखा नवल
आलोक स्निग्ध भर दिखा गयी पथ जो उज्ज्वल;
मैंने स्तुति की—'हे वन्य वह्नि की तन्वि नवल!
कविता में कहाँ खुले ऐसे दल दुग्धधवल?—
यह अपल स्नेह,—

विश्व के प्रणयि-प्रणयिनियों-कर
हार-उर गेह?—
गति सहज मन्द
यह कहाँ—कहाँ वामालकचुम्बित पुलक-गन्ध?

'केवल आपा खोया, खेला
इस जीवन में',
कह सिहरी तन में वन-बेला।
'कू—ऊ कू—ऊ' बोली कोयल अन्तिम सुख-स्वर,
'पी कहाँ' पपीहा-प्रिया मधुर विष गयी छहर,
उर बढ़ा आयु
पल्लव-पल्लव को हिला हरित बह गयी वायु,
लहरों में कम्प और लेकर उत्सुक सरिता
तैरी, देखतीं तमश्चरिता
छबि बेला की नभ की ताराएँ निरुपमिता
शत-नयन-दृष्टि
विस्मय में भरकर रही विविध-आलोक-सृष्टि।

भाव में हरा मैं, देख मन्द हँस दी बेला,
बोली अस्फुट स्वर से,—'यह जीवन का मेला
चमकता सुघर बाहरी वस्तुओं को लेकर,
त्यों-त्यों आत्मा की निधि पावन बनती पत्थर।
बिकती जो कौड़ीमोल

यहाँ होगी कोई इस निर्जन में,
खोजो, यदि हो समतोल
वहाँ कोई, विश्व के नगर-धन में।
है वहाँ मान,
इसलिए बड़ा है एक, शेष छोटे अजान;
पर ज्ञान जहाँ,
देखना—बड़े छोटे; असमान, समान वहाँ :—

सब सुहृद्वर्ग
उनकी आँखों की आभा से दिग्देश स्वर्ग।'

बोला मैं—'यही सत्य, सुन्दर!
नाचतीं वृन्त पर तुम, ऊपर
होता जब उपल-प्रहार प्रखर!
अपनी कविता
तुम रहो एक मेरे उर में
अपनी छबि में शुचि सञ्चरिता।'

फिर उषःकाल
मैं गया टहलता हुआ, बेल की झुका डाल
तोड़ता फूल कोई ब्राह्मण,
'जाती हूँ मैं,' बोली बेला,
'जीवन प्रिय के चरणों पर करने को अर्पण':—
देखती रही;
निस्स्वन प्रभात की वायु बही।

[रचनाकाल : 11 जुलाई, 1937। 'सुधा', मासिक, लखनऊ, अगस्त, 1937, में प्रकाशित। द्वितीय **अनामिका** में संकलित।]

हिन्दी के सुमनों के प्रति पत्र

मैं जीर्ण-साज बहु छिद्र आज,
तुम सुदल सुरंग सुवास सुमन
मैं हूँ केवल पदतल-आसन,
तुम सहज विराजे महाराज।

ईर्ष्या कुछ नहीं मुझे, यद्यपि
मैं ही वसन्त का अग्रदूत,
ब्राह्मण-समाज में ज्यों अछूत
मैं रहा आज यदि पार्श्वच्छवि।

तुम मध्य भाग के, महाभाग!—
तरु के उर के गौरव प्रशस्त।
मैं पढ़ा जा चुका पत्र, न्यस्त
तुम अलि के नव रस—रंगराग।

देखो, पर, क्या पाते तुम "फल"
देगा जो भिन्न स्वाद रस भर,
कर पार तुम्हारा भी अन्तर
निकलेगा जो तरु का सम्बल।

फल सर्वश्रेष्ठ नायाब चीज
या तुम बाँधकर रँगा धागा;
फल के भी उर का, कटु, त्यागा,
मेरा आलोचक एक बीज।

[रचनाकाल : 6 अगस्त, 1937। 'माधुरी', मासिक, लखनऊ, नवम्बर, 1937, में प्रकाशित। द्वितीय अनामिका में संकलित।]

मुक्ति

तोड़ो, तोड़ो, तोड़ो कारा
पत्थर, की, निकलो फिर,
गङ्गा - जल - धारा!
गृह-गृह की पार्वती!
पुन: सत्य-सुन्दर-शिव को सँवारती
उर-उर की बनो आरती!—
भ्रान्तों की निश्चल ध्रुवतारा!
तोड़ो, तोड़ो, तोड़ो कारा!

[रचनाकाल : 6 जनवरी, 1938। द्वितीय **अनामिका** में संकलित।]

खुला आसमान

बहुत दिनों बाद खुला आसमान।
निकली है धूप, हुआ खुश जहान।

दिखीं दिशाएँ, झलके पेड़,
चरने को चले ढोर—गाय-भैंस-भेड़,
खेलने लगे लड़के छेड़-छेड़—
लड़कियाँ घरों को कर भासमान।

लोग गाँव-गाँव को चले,
कोई बाजार, कोई बरगद के पेड़ के तले
जाँघिया-लँगोटा ले, सँभले,
तगड़े-तगड़े सीधे नौजवान।

पनघट में बड़ी भीड़ हो रही,
नहीं ख्याल आज कि भीगेगी चूनरी,
बातें करती हैं वे सब खड़ी,
चलते हैं नयनों के सधे बान।

[रचनाकाल : 6 जनवरी, 1938। द्वितीय अनामिका में संकलित।]

वे किसान की नयी बहू की आँखें

नहीं जानतीं जो अपने को खिली हुई—
विश्व-विभव से मिली हुई,—
नहीं जानतीं सम्राज्ञी अपने को,
नहीं कर सकीं सत्य कभी सपने को,
वे किसान की नयी बहू की आँखें
ज्यों हरीतिमा में बैठे दो विहग बन्द कर पाँखें;
वे केवल निर्जन के दिशाकाश की,
प्रियतम के प्राणों के पास—हास की,

भीरु पकड़ जाने को हैं दुनिया के कर से—
बढ़े क्यों न वह पुलकित हो कैसे भी वर से।

[रचनाकाल : 1 मार्च, 1938। द्वितीय **अनामिका** में संकलित।]

उक्ति

कुछ न हुआ, न हो।
मुझे विश्व का सुख, श्री, यदि केवल
पास तुम रहो!
मेरे नभ के बादल यदि न कटे—
चन्द्र रह गया ढका,
तिमिर-रात को तिरकर यदि न अटे
लेश गगन-भास का,
रहेंगे अधर हँसते, पथ पर, तुम
हाथ यदि गहो।

बहु-रस साहित्य विपुल यदि न पढ़ा—
मन्द सबों ने कहा,
मेरा काव्यानुमान यदि न बढ़ा—
ज्ञान, जहाँ का रहा,
रहे, समझ है मुझमें पूरी, तुम
कथा यदि कहो।

[रचनाकाल : 7 अगस्त, 1937। 'सरस्वती', मासिक, प्रयाग, नवम्बर, 1937, में प्रकाशित। द्वितीय **अनामिका** में संकलित।]

और और छबि

और और छबि रे यह!
नूतन भी कवि, रे यह
और और छबि!

समझ तो सही
जब भी यह नहीं गगन
वह मही नहीं,
बादल वह नहीं जहाँ
छिपा हुआ पवि, रे यह
और और छबि!

यह है यहाँ,
जैसा देखा पहले होता
अथवा सुना;
किन्तु नहीं पहल की
यहाँ कहीं हवि, रे यह
और और छबि!

[रचनाकाल : 17 अगस्त, 1938। 'रूपाभ', मासिक, कालाकाँकर, प्रकाशित। सितम्बर, 1938, में द्वितीय **अनामिका** में संकलित।]

दाल का गीत

[खास 'रूपाभ' के लिए प्रस्तुत]

तुम चुरौ दालि महरानी!
हरदी परे ते जरदी आई,
निमक परे मुसुक्यानी,
भात-भतार ते भेंट भई,
तब प्रेम-सहित लिपट्यानी!

['चकल्लस', साप्ताहिक, लखनऊ, वर्ष 1, अंक 26 (जुलाई, 1938)। असंकलित]

प्रेम-संगीत

बम्हन का लड़का
मैं उसको प्यार करता हूँ।

जात की कहारिन वह,
मेरे घर की है पनहारिन वह,
आती है होते तड़का,
उसके पीछे मैं मरता हूँ।
कोयल-सी काली, अरे,
चाल नहीं उसकी मतवाली,
ब्याह नहीं हुआ, तभी भड़का,
दिल मेरा, मैं आहें भरता हूँ।
रोज आकर जगाती है सबको,
मैं ही समझता हूँ इस ढब को,
ले जाती है मटका बड़का,
मैं देख-देखकर धीरज धरता हूँ।

[रचनाकाल : 22 फरवरी, 1939। पहले **कुकुरमुत्ता** में, फिर **नये पत्ते** में संकलित]

रानी और कानी

माँ उसको कहती है रानी
आदर से, जैसा है नाम;
लेकिन उसका उल्टा रूप,
चेचक के दाग, काली, नक-चिप्टी,
गंजा-सर, एक आँख कानी।
रानी अब हो गयी सयानी,
बीनती है, काँड़ती है, कूटती है, पीसती है,
डलियों के सीले अपने रूखे हाथों मीसती है,
घर बुहारती है, करकट फेंकती है,
और घड़ों भरती है पानी;
फिर भी माँ का दिल बैठा रहा,
एक चोर घर में पैठा रहा,
सोचती रहती है दिन-रात
कानी की शादी की बात,

मन मसोसकर वह रहती है
जब पड़ोस की कोई कहती है—
"औरत की जात रानी,
ब्याह भला कैसे हो
कानी जो है वह!"
सुनकर कानी का दिल हिल गया,

काँपे कुल अंग,
दायीं आँख से
आँसू भी बह चले माँ के दुख से,
लेकिन वह बायीं आँख कानी
ज्यों-की-त्यों रह गयी रखती निगरानी।

[रचनाकाल : 1939 ई.। 'तरुण', मासिक, इलाहाबाद, जनवरी, 1940, में प्रकाशित। पहले **कुकुरमुत्ता** में, फिर **नये पत्ते** में संकलित।]

दलित जन पर करो करुणा

दलित जन पर करो करुणा।
दीनता पर उतर आये
प्रभु, तुम्हारी शक्ति अरुणा।
हरे तन-मन प्रीति पावन,
मधुर हो मुख मनोभावन,
सहज चितवन पर तरंगित
हो तुम्हारी किरण तरुणा।
देख वैभव न हो नत सिर,
समुद्धत मन सदा हो स्थिर,
पार कर जीवन निरन्तर
रहे बहती भक्ति-वरुणा।

[रचनाकाल : 1939 ई.। **अणिमा** में संकलित।]

बापू के प्रति

बापू, तुम मुर्गी खाते यदि,
तो क्या भजते होते तुमको
ऐरे - गैरे नत्थू - खैरे—?—
सर के बल खड़े हुए होते
हिन्दी के इतने लेखक-कवि,
बापू, तुम मुर्गी खाते यदि?

बापू, तुम मुर्गी खाते यदि,
तो लोकमान्य से क्या तुमने
लोहा भी कभी लिया होता?—
दक्खिन में हिन्दी चलवाकर
लखते हिन्दुस्तानी की छवि,
बापू, तुम मुर्गी खाते यदि?

बापू, तुम मुर्गी खाते यदि,
तो क्या अवतार हुए होते
कुल-के-कुल कायथ-बनियों के?
दुनिया के सबसे बड़े पुरुष
आदम-भेड़ों के होते भी!
बापू, तुम मुर्गी खाते यदि?

बापू, तुम मुर्गी खाते यदि,
तो क्या पटेल, राजन, टण्डन,
गोपालाचारी भी भजते?—
भजता होता तुमको मैं औ'
मेरी प्यारी अल्लारक्खी,
बापू, तुम मुर्गी खाते यदि!

['विचार', साप्ताहिक, कलकत्ता, 14 जुलाई, 1940। **असंकलित कविताएँ** में संकलित।]

आदरणीय प्रसादजी के प्रति

हिन्दी के जीवन हे, दूर गगन के द्रुततर
ज्योतिर्मय तारा-से उतरे तुम पृथ्वी पर;
अन्धकार कारा यह, बन्दी हुए मुक्ति धन,
भरने को प्रकाश करने को जनमन चेतन;
जीना सिखलाने को कर्मनिरत जीवन से,
मरना निर्भय मन्दहासमय महामरण से;
लोकसिद्ध व्यवहार ऋद्धि से दिखा गये तुम,
छोड़ा है छिड़ने पर सुघर कलामय कुंकुम;
उठा प्रसंग-प्रसंगान्तर रँग-रँग से रँगकर
तुम ने बना दिया है वानर को भी सुन्दर;
किया मूक को मुखर, लिया कुछ, दिया अधिकतर,
पिया गरल, पर किया जाति-साहित्य को अमर।
तुम बसन्त-से मृदु, सरसी के सुप्त सलिल पर
मन्द अनिल से उठा गये हो कम्प मनोहर,
कलियों में नर्तन, भौंरों में उन्मद गुञ्जन,
तरुण-तरुणियों में शतविध जीवन-व्रत-भुञ्जन,
स्वप्न एक आँखों में, मन में लक्ष्य एक स्थिर,
पार उतरने की संसृति में एक टेक चिर;
अपनी ही आँखों का तुम ने खींचा प्रभात,
अपनी ही नयी उतारी संध्या अलस-गात,
तारक-नयनों की अन्धकार-कुन्तला रात
आयी, सुरसरि-जल-सिक्त मन्द-मृदु बही वात,
कितनी प्रिय बातों से वे रजनी-दिवस गये कट
अन्तराल जीवन के कितने रहे, गये हट,
सहज सृजन से भरे लता-द्रुम किसलय-कलि-दल,
जगे जगत् के जड़ जल से वासन्तिक उत्पल,
पके खेत लहरे, सोना-ही-सोना चमका,
सुखी हुए सब लोग, देश में जीवन दमका,

हुआ प्रवर्तन, खुली तुम्हारी ही आँखों से
उड़ने लगे विहग ज्यों युवक मुक्त पाँखों से;
खोये हुए राह के, भूले हुए कभी के
बड़े मुक्ति की ओर भाव पा अपने जी के।
फूटा ग्रीष्म तुम्हारे जीवन का, दिङ्मण्डल
तपा, चली लू, लपटें उठने लगीं, अमंगल
फैला, आहों से लोगों की पृथ्वी छायी,
बढ़ा त्रास, फिर अपलापों की बारी आयी,
रहित बुद्धि से लोग असंयत हुए अनर्गल,
किन्तु नहीं तुम हिले, तुम्हारे उमड़े बादल,
गरजे सारा गगन घेर बिजली कड़काकर,
काँपे वे कापुरुष सभी अपने-अपने घर,
धारा झरझर झरी, घटा फिर फिर घिर आयी,
सौ सौ छन्दों में फूटी रागिनी सुहायी
सावन की, निर्बल दबके दल-के-दल वे जन,
अपने घर में करते भला-बुरा आलोचन;
भरी तुम्हारी धरा हरित साड़ी पहने ज्यों
युवती देख रही हो नभ को नहीं जहाँ क्यों।

आयी शरत तुम्हारी, आयत-पंकज-नयना,
हरसिंगार के पहन हार ज्योतिर्मय-अयना;
एक बार फिर से लोगों को सिन्धुस्नान कर
निकला हुआ दिखा काशी में इन्दु मनोहर—
विजय तुम्हारी, लिये हृदय में लाञ्छन सुन्दर
अस्त हो गया कीर्ति तुम्हारी गा अविनश्वर।
हे चतुरंग, तुम्हारी विजयध्वजा धारण कर
खड़े सुमित्रानन्दन, देवी, मोहन, दिनकर,
माखनलाल, नवीन, भगवती, चन्द्र, आरसी,
कमल, प्रभात, सुभद्रा, अञ्चल, अज्ञेयशशी
कितने रवि, केसरी, कुमार, नरेन्द्र, रमा, ये

रामविलास, प्रदीप, जानकीवल्लभ जागे,
भिन्न रूप -रँग के, पर एक लक्ष्य के सक्षम
कितने और तुम्हारी करते पूर्ति मनोरम
गद्य-पद्य की, प्रतिभा की, साहित्य-समर की,
सुमन, विनोद, उग्र, पाठक, बेढब बनारसी,
नन्ददुलारे, चन्द्र प्रकाश कुँवर, शिवमंगल,
इलाचन्द्र, बच्चन, हृदयेश, सुमित्रा, निर्मल,
कोकिल, विनयकुमार, श्याम, शाखाल, मञ्जु छवि
नीलकण्ठ, सर्वदानन्द, गिरिजा, गुलाब कवि,
शिवपूजन, गंगाप्रसाद, बलभद्र, अश्क, श्री
लली, उदयशंकर, द्विज, मुकुल, अरुण, सावित्री।
यौवन का हेमन्त तुम्हारा भर लहराया
एक छोर से अन्य छोर तक जीवन छाया,
गेहूँ की, अरहर की, जौ की, चने-मटर की
हरियाली-ही-हरियाली फैली, घर-घर की
खेती ज्वार-बाजरे की आयी कट-कटकर,
सुखी हुए सब जन अपने अपने सुन्दर घर
खुशियाँ लगे मनाने, हुआ हृदय में निश्चय—
बदले दिन जो रहे हमारे, अब हम निर्भय,—
बड़े हुए जो, उनकी आँखों पर आँखें रख
बातचीत कर सकते हैं हम, अब कोई पख
लगा नहीं सकता, दीनता हमारी पहली
नहीं रही वह; पुरांगनाओं ने हँस कह ली
श्री की कथा, दीप से ज्योतित कर अन्त:पुर,
नम्र देखती मधुर, प्रकाशित करती-सी उर
अन्य जनों का, तरुणी पुस्तक पाठ में लगी
आदर करती-सी अतीत का, प्राण में जगी
वर्तमान की ओर बढ़ी।

अपने में निश्चल
युगप्रवर्तक, हुए शीत में व्याधि से विकल,

रहा साथ मैं नतमस्तक, सेवा को; अग्रज]
चले गये तुम धरा छोड़ गौरव-विजय ध्वज!

[रचनाकाल : 1940 ई.। 'माधुरी', मासिक, लखनऊ, दिसम्बर, 1940, में प्रकाशित। **अणिमा** में संकलित।]

गर्म पकौड़ी

गर्म पकौड़ी—
ऐ गर्म पकौड़ी!
तेल की भुनी,
नमक-मिर्च की मिली,
ऐ गर्म पकौड़ी!
मेरी जीभ जल गयी,
सिसकियाँ निकल रहीं,
लार की बूँदें कितनी टपकीं,
पर दाढ़ तले तुझे दबा ही रक्खा मैंने
कंजूस ने ज्यों कौड़ी।
पहले तूने मुझको खींचा
दिल लेकर फिर कपड़े-सा फींचा,
अरी, तेरे लिए छोड़ी
बम्हन की पकायी
मैंने घी की कचौड़ी।

[रचनाकाल : 1940 ई.। पहले **कुकुरमुत्ता** में, फिर **नये पत्ते** में संकलित।]

मैं अकेला

मैं अकेला;
देखता हूँ, आ रही
मेरे दिवस की सांध्य वेला।

पके आधे बाल मेरे,
हुए निष्प्रभ गाल मेरे,
चाल मेरी मन्द होती आ रही,
हट रहा मेला।
जानता हूँ नदी-झरने,
जो मुझे थे पार करने,
कर चुका हूँ, हँस रहा यह देख,
कोई नहीं भेला*।

[रचनाकाल : 1940 ई.। **अणिमा** में संकलित।]

श्रद्धांजलि

(आचार्य शुक्लजी के प्रति)

अमा निशा थी समालोचना के अम्बर पर
उदित हुए जब तुम हिन्दी के दिव्य कलाधर।
दीप्ति-द्वितीया हुई लीन खिलने से पहले
किन्तु निशाचर संध्या के अन्तर में दहले।
स्पष्ट तृतीया, खिंची दृष्टि लोगों की सहसा,
छिड़ी सिद्ध साहित्यिक से तुमसे जब वचसा।
मुक्त चतुर्थी, समालोचना वधू ब्याहकर
लाये तुम, पञ्चमी काव्यवाणी अपने घर।
षष्ठी, छः ऐश्वर्य प्रदर्शित कोष प्राण में;
शिक्षण की सप्तमी, महार्णव सप्त ज्ञान में।
दिये अष्टमी आठों वसु टीकाओं में भर,
नवमी शान्ति ग्रहों की, दशमी विजित दिगम्बर।
एकादशी रुद्रता, रामा कला द्वादशी,
त्रयोदशी-प्रदोष-गत चतुर्दशी-रत्न शशी।

[सम्भावित रचनाकाल : 1941 ई. का पूर्वार्ध। **अणिमा** में संकलित।]

---

* भेला—पुराने ढंग की नाव।

कुकुरमुत्ता

(एक थे नवाब से लेकर तू हरामी खानदानी तक)

[1]

एक थे नव्वाब
फ़ारस से मँगाये थे गुलाब।
बड़ी बाड़ी में लगाये
देशी पौधे भी उगाये
रखे माली कई नौकर
ग़ज़नवी का बाग़ मनहर
लग रहा था।
एक सपना जग रहा था
साँस पर तहजीब की,
गोद पर तरतीब की।
क्यारियाँ सुन्दर बनी
चमन में फैली घनी।
फूलों के पौधे वहाँ
लग रहे थे खुशनुमा।
बेला, गुलशब्बो, चमेली, कामिनी,
जुही, नरगिस, रातरानी, कमलिनी,
चम्पा, गुलमेंहदी, गुलखैरू, गुलअब्बास,
गेंदा, गुलदाऊदी, निवाड़ी, गन्धराज,
और कितने फूल, फव्वारे कई,
रंग अनेकों—सुर्ख़, धानी, चम्पई,
आसमानी, सब्ज़, फ़ीरोज़ी सफेद,
ज़र्द, बादामी, बसन्ती, सभी भेद।
फलों के भी पेड़ थे,
आम, लीची, सन्तरे और फालसे।
चटक़ती कलियाँ, निकलती मृदुल गन्ध,
गले लगकर हवा चलती मन्द-मन्द,

चहकते बुलबुल, मचलती टहनियाँ,
बाग़ चिड़ियों का बना था आशियाँ।
साफ़ राहें, सरो दोनों ओर,
दूर तक फैले हुए कुल छोर,
बीच में आरामगाह
दे रही थी बड़प्पन की थाह।
कहीं झरने, कहीं छोटी-सी पहाड़ी,
कहीं सुथरा चमन, नक़ली कहीं झाड़ी।

आया मौसिम, खिला फ़ारस का गुलाब,
बाग़ पर उसका पड़ा था रोबोदाब;
वहीं गन्दे में उगा देता हुआ बुत्ता
पहाड़ी से उठे-सर ऐंठकर बोला कुकुरमुत्ता—
"अबे, सुन बे, गुलाब,
भूल मत जो पायी खुशबू, रंगोंआब,
ख़ून चूसा खाद का तूने अशिष्ट,
डाल पर इतराता है केपीटलिस्ट!
कितनों को तू ने बनाया है ग़ुलाम,
माली कर रक्खा, सहाया जाड़ा-घाम,
हाथ जिसके तू लगा,
पैर सर रखकर व' पीछे को भगा
औरत की जानिब मैदान यह छोड़कर,
तबेले को टट्टू जैसे तोड़कर,
शाहों, राजों, अमीरों का रहा प्यारा
तभी साधारणों से तू रहा न्यारा।
वरना क्या तेरी हस्ती है, पोच तू
काँटों ही से भरा है यह सोच तू
कली जो चटकी अभी
सूखकर काँटा हुई होती कभी।
रोज़ पड़ता रहा पानी,
तू हरामी ख़ानदानी।

बादल छाये

बादल छाये,
ये मेरे अपने सपने
आँखों से निकले, मँडलाये।

बूँदें जितनी
चुनी अधखिली कलियाँ उतनी;
बूँदों की लड़ियों के इतने
हार तुम्हें मैंने पहनाये!

गरज़े सावन के घन घिर घिर,
नाचे मोर बनों में फिर फिर
जितनी बार
चढ़े मेरे भी तार
छन्द से तरह तरह तिर,

तुम्हें सुनाने को मैंने भी
नहीं कहीं कम गाने गाये।

[रचनाकाल : 1941 ई. में **अणिमा** में संकलित।]

स्फटिक-शिला

स्फटिक-शिला जाना था।
रामलाल से कहा।
उमड़ पड़े रामलाल।
बोले, "कुछ रुकिए, फिलहाल
गाड़ी तैयार नहीं;
यार, कहीं
ठोकर खा जाइएगा।

कौन कहे, सही हाथ-पैर लौट आइएगा।
कई नाले पड़ते हैं।
चढ़ते हैं, उतरते हैं।
नौजवाँ, देहाती, पहलवाँ
थकते हैं;
तन्दुरुस्त छकते हैं।
गाड़ी से चलेंगे।
दर्द कहीं बढ़ा तो मलेंगे
पैर।
आदमी भी साथ हैं।" "खैर",
मैंने कहा, "चलने की कही,
और देखे हैं पैर।
अपना भी होगा यों गैर?"
गाड़ी आयी,
खय्याम की जैसी हो रुबाई।
आधी रात को चढ़े
चित्रकूट को बढ़े।
मिला किला पेशवों का करवी में
लिखा हुआ जैसे कुछ अरबी में
रात को ऐसा दिखा
किस्मत में जैसे कुछ हो लिखा।
पयस्विनी नदी पड़ी
जैसे लाज से गड़ी।
पानी थोड़ा-थोड़ा-सा।
गड़ा जैसे रोड़ा-सा
मेरे मन में। पूछा
रामलाल से, "जो कुछ भी दिखता है, छूँछा,
ऐसा ही भरा है?"
"जीता है कौन, कौन मरा है,
मुझको मालूम नहीं,

लेकिन यह है सही—
स्फटिक-शिला में नदी
बहुत काफी गहरी है
और बहुत चौड़ी भी
हालाँकि जगह वह यहाँ से बहुत ऊँची है,
मगर वहाँ रहते हैं,"—
रामलाल ने कहा। (ऐसा ही कहते हैं।)
बैल दो थे, साँवलिया
और धौला। धौला गरियार था।
बायें जुता। अक्सर चलती-चलती
गाड़ी मुड़ जाती थी बुरी तरह बायें को।
पूँछ ऐंठकर धौले को फिर-फिर दायें को
हाँकता था रामलाल का भाई
ता-ता-ता-ता करता। शहनाई
सुनकर मैं हँसता था।
ढाल से उतरकर वह बैल वहाँ धँसता था
इसी समय दलदल में
बायें मुड़ा।
पानी की कलकल में
रामलाल डूबे हुए।
यानी बहुत ऊबे हुए।
बैल डालकर जुआ
भग खड़ा हुआ।
बच्चे को बड़े आदमी-जैसा
देखता था साँवलिया
जुआ डालकर वहीं खड़ा।
धौले की ओर को चुमकारता बढ़ा
रामलाल का भाई। कड़े हाथ
पकड़ ली धौले की ऐंठी नाथ।
जुए को फिर मोड़कर,

उतरे हुए लोगों की मदद से छोड़कर
राह पर,
बैलों को फिर जोता।
चला धौला अपनी ही पुरानी चाल फिर रोता।
नदी को पारकर
गाड़ी आयी राह पर।
स्यारों की जोड़ी मिली।
कहीं कोई झाड़ी खिली
रही होगी, खुशबू से
जान पड़ा। लोग बैठे जैसे चूसे
दमड़ी के आम हों,
    गीले फिर भी, जैसे हों मास सावन या भादों।
    राम-राम जपते थे,
    काम से यों तपते थे।
    मिलीं और गाड़ियाँ
    करवी को जाती हुई, छोटी-छोटी झाड़ियाँ।
    पौ फटी।
    रात कटी।
धूहों से धूएँ के
वहाँ के पहाड़ दिखे।
रामलाल ने कहा,
"भरतकूप वह, अहा।
गुप्त गोदावरी वहाँ, उस पहाड़ के उधर,
वह देखो, श्रीकामदगिरि सुन्दर;
सावन में जब देखा
मोरों की बादलों से और नीली रही रेखा,
हरे उस पहाड़ पर।
पयस्विनी अररररर
बहती चली जाती है,
त्रेता की बात जैसे कहती चली जाती है।

बड़े-बड़े हरे पेड़
करते हैं जैसे छेड़
पावस-समीर से
लहराते धीर जैसे।
वह है हनुमद्धारा, पञ्चकोसी का पहाड़,
वह वहाँ है देवांगणा, यहाँ से पड़ती है आड़
स्फटिक-शिला को, आश्रम
अत्रि-अनसूया का और भी है मनोरम।
स्वच्छ मन्दाकिनी नदी झरनों से यहीं निकली,
पहाड़ों के बीच पड़ी
बादलों में जैसे बिजली।
फूट रहे हैं सस्वर
नये स्रोत, झरने नये, गिरियों को फोड़कर।"
आगे बढ़े।
फले आम बड़े-बड़े झुके हुए देख पड़े
गौदों में या इकले।
आदमी वहाँ से कुछ चले हुए आ निकले।
गाड़ियाँ भी जाती थीं,
बैठी हुई देवियाँ इठलाती थीं।
सीतापुर पास आया।
एक जगह पेड़ की आ पड़ी घनी-घनी छाया।
अक्कासी आती हुई देखकर
रामलाल बोले एक डण्डे से टेककर,
"सर को झुका लीजिएगा,
जरा ध्यान दीजिएगा,
जगह ऊँची-खाली है,
कुछ आगे नाली है।"
सीतापुर पारकर पयस्विनी फिर उतरी
गाड़ी पकड़े गली
नये गाँव को चली।

ऊँचा चढ़ती हुई, कहीं पर अड़ती हुई,
हवेली की बगल से
आगे बढ़ी गाड़ी वह। लिये हुए कुछ फल से
एक दल यात्रियों का जाता हुआ देख पड़ा।
छोड़कर उसको आगे बढ़ा फिर हमारा लढ़ा।
राह के किनारे खुदरो दरख़्त से बँधा हुआ
कच्चा चबूतरा मिला,
कुछ राह घेरे हुए। पत्थर एक रक्खा था
महादेव की जगह पर। भाव मगर पक्का था।—
दखल जैसे जमाना चाहता था कोई अपना,
सत्य को जो बनाये हुए था वहाँ कल्पना,
बायें कुछ ही दूरी पर थी छोटी एक कुटिया,
छोटा-सा बबूल वह उसकी थी लकुटिया।
धौले ने न जाने कैसे यहाँ ऐसा मारा जोर,
दायें गयी गाड़ी, बायें मुड़ी जैसे, एक कोर
कटी चबूतरे की कि कुटिया से निकली
काली एक नारी गाली देती, खाती ढिकली
देखकर चबूतरा।
जैसे कोई अप्सरा
नाचने लगी हो गलियों से भाव बतलाकर
दोनों हाथ फैलाकर।
मैंने देखा, बड़ा मैला
मन उसका समाज से,
चोट खायी हुई वह रामजी के राज से,
शूद्रों को मिला नहीं
जिनसे कुछ भी कहीं।
ढाढस बँधाया मैंने मीठे-मीठे शब्द कहकर,
देखती रही वह आँसुओं की आँखों रह-रहकर।
कुछ दूर बढ़े और रुकने का ठौर था,
गाड़ी खड़ी हुई, अन्त जहाँ, एक पौर था।

द्वार पर चलकर
रामलाल ने पुकारा। तरुणी ने निकलकर
गाड़ी देखी। बँधी हुई गाय के छू लिये खुर
देखा फिर स्नेहभरी चितवन से जैसे सुर-
वधू हो। फिर चली गयी भीतर को धीरे से,
भेजा लड़की को, बोल बोली जो हीरे-जैसे—
"चालपाई दाली है,
बैथ जाव, काली है।"
बैठै कुछ देर हम लड़की व' एकटक
देखती रही हमको छोड़कर बकझक।
बैलों को बाँधकर चारापानी करके
स्फटिक-शिला को कुछ तेज चाल हम चले
नये गाँव की तरफ से। देखा वह प्रमोद-वन
दूसरे किनारे से। हनुमद्धारा को देखकर
खिल गया हमारा मन।
वन था पहाड़ पर,
कहा कि दहाड़कर
शेर जब टूटता है,
तब काँप उठता है
जंगल, वे सभी पेड़
जैसे काँपते हों भेड़।
यह बघेलखण्ड है,
बड़ा ही प्रचण्ड है,
बाघ यहाँ का। कहा,
आगे वह जानकी ही कुण्ड अब दिख रहा।
हमने नदी पार की,
एक पनचक्की मिली।
अर्जुन के बड़े-बड़े
पेड़ खड़े थे अकड़े।
बन्दर वहाँ के सब

जैसे बिना-कलरव
कोई हो गृहवास
निष्प्रभ तथा उदास।
घने पेड़, छाया-तल।
स्वच्छ और शीतल जल।
यह है जानकीकुण्ड।
मछलियों के झुण्ड-झुण्ड।
कोई नहीं मारता है।
चारा खिला-खिलाकर सिधारता है।
बड़ी-बड़ी शिलाओं से टकराता हुआ जल
करता है अविराम कलकल-कलकल।
किनारे-किनारे बने साधुओं के वरवास
जो कि हैं अनन्य-दास
सीता-रामचन्द्र के
रहते अतन्द्र-से।
रम्य यह स्थल देखते हुए किनारे से
चले हम हारे जैसे
ऊपर-ऊपर। एक अच्छा आम का बगीचा मिला,
छोटे-छोटे जंगली पेड़ों से वन वह रहा खिला।
वहाँ रामलाल ने दिखाया फिर पहाड़ वह
जहाँ बैठा था जयन्त दबा। "काढ़कर वह
कौन तीर मारा राम ने जो पहुँचा वहाँ?
मुझे झूठ जान पड़ता है, कहता यहाँ।
साधुओं से डर के मारे मैंने नहीं पूछा।
मुझे जान पड़ता है भरा हुआ सब छूँछा।"
रामलाल ने कहा।
मैंने रामलाल को जवाब छोटा-सा दिया।
"होगा जैसा भी किया,"
देखने लगा मैं कहकर उस वन को।
भूल जाता है मन को

देखता हुआ पथिक।
चित्त हुआ समाहित।
ऊँची-नीची गलियों की झाड़ियों में लगा तिन—
सूखा मटमैला दाग।—बाढ़ के याद आये दिन।
साँप बड़े जहरीले; टीलों पर रहते हैं,
बिच्छू, लकड़बग्घे, रीछ, चीते, यहाँ कहते हैं;
पेड़ों पर बिचखोपड़।
चिरौंजी, बहेड़ा, हड़
और पेड़, बड़े-बड़े
जंगल-के-जंगल खड़े।
बड़े बाघ और दूर रहते हैं,
पानी पीने रात को आते हैं, लोग कहते हैं,
या शिकार के लिए,
या कि भूले-भटके।
चले कुछ और हम,
मन्दाकिनी देख पड़ी भरी हुई मनोरम।
सचमुच ही यहाँ पानी नीचे से बहुत भरा,
देखकर जी हुआ हरा।
जैसे एक झील हो,
काला-काला स्वच्छ जल बहता सलील हो।
सघन द्रुमों की छाँह
शाखों से बढ़ाये बाँह।
पानी के बीच उठे पत्थरों पर उगी झाड़ियाँ,
बैठी हुई सारस ही की जातिवाली चिड़ियाँ।
ऊँची-ऊँची उधर हैं पहाड़ियाँ।
किनारे पर वैसे ही आवास और गुफाएँ बनीं,
एक झाड़ी देखी घनी।
यात्री नहाते हुए।
इक्के-दुक्के लोग वहाँ आते और जाते हुए।
एक बाबा ने कहा, "भौंरादहार है,

आराम यहाँ कीजिएगा?"
खड़ा हुआ स्फटिक-शिला मैं देखता ही रहा।
आँख पड़ी युवती पर
आयी थी जो नहाकर,
गीली धोती सटी हुई भरी देह में, सुघर
उठे पुष्ट स्तन, दुष्ट मन को मरोड़कर,
आयत दृगों का मुख खुला हुआ छोड़कर।
बदन कहीं से नहीं काँपता।
कुछ भी संकोच नहीं ढाँपता।
वर्तुल उठे हुए उरोजों पर अड़ी थी निगाह
चोंच जैसे जयन्त की, नहीं जैसे कोई चाह
देखने की मुझे और,
कैसे भरे दिव्य स्तन, हैं ये कितने कठोर।
मेरा तन काँप उठा, याद आयीं जानकी।
कहा, तुम राम की,
कैसे दिये हैं दर्शन!

[सम्भावित रचनाकाल : 1942 ई. का पूर्वार्ध। पहले **कुकुरमुत्ता** में, फिर **नये पत्ते** में संकलित।]

गहन है यह अन्ध कारा

गहन है यह अन्ध कारा;
स्वार्थ के अवगुण्ठनों से
हुआ है लुण्ठन हमारा।

खड़ी है दीवार जड़ की घेरकर,
बोलते हैं लोग ज्यों मुँह फेरकर,
इस गगन में नहीं दिनकर,
नहीं शशधर, नहीं तारा।

कल्पना का ही अपार समुद्र यह,
गरजता है घेरकर तनु, रुद्र यह,
कुछ नहीं आता समझ में,
कहाँ है श्यामल किनारा।

प्रिय, मुझे वह चेतना दो देह की,
याद जिससे रहे वञ्चित देह की
खोजता-फिरता, न पाता हुआ,
मेरा हृदय हारा।

[रचनाकाल : 1942 ई.। 'देशदूत', साप्ताहिक, प्रयाग, 13 दिसम्बर, 1942 में प्रकाशित। **अणिमा** में संकलित।]

सन्त कवि रविदासजी के प्रति

ज्ञान के आकर मुनीश्वर थे परम
धर्म के ध्वज, हुए उनमें अन्यतम,
पूज्य अग्रज भक्त कवियों के, प्रखर
कल्पना की किरण नीरज पर सुघर
पड़ी ज्यों अँगड़ाइयाँ लेकर खड़ी
हो गयी कविता कि आयी शुभ घड़ी
जाति की, देखा सभी ने मीचकर
दृग, तुम्हें श्रद्धा-सलिल से सींचकर।
रानियाँ अवरोध की घेरी हुई
वाणियाँ ज्यों बनीं जब चेरी हुईं।
छुआ पारस भी नहीं तुम ने, रहे
कर्म के अभ्यास में, अविरत बहे
ज्ञान-गंगा में, समुज्ज्वल चर्मकार,
चरण छूकर कर रहा मैं नमस्कार।

[रचनाकाल : 1942 ई.। **अणिमा** में संकलित।]

स्नेह-निर्झर बह गया है

स्नेह-निर्झर बह गया है।
रेत ज्यों तन रह गया है।

आम की यह डाल जो सूखी दिखी,
कह रही है—“अब यहाँ पिक या शिखी
नहीं आते, पंक्ति मैं वह हूँ लिखी
नहीं जिसका अर्थ—
जीवन दह गया है।”

“दिये हैं मैंने जगत् को फूल-फल,
किया है अपनी प्रभा से चकित-चल;
पर अनश्वर था सकल पल्लवित पल—
ठाट जीवन का वही
जो ढह गया है।”

अब नहीं आती पुलिन पर प्रियतमा,
श्याम तृण पर बैठने को, निरुपमा।
बह रही है हृदय पर केवल अमा;
मैं अलक्षित हूँ यही
कवि कह गया है।

[रचनाकाल : 1942 ई.। **अणिमा** में संकलित।]

मरण को जिसने वरा है

मरण को जिसने वरा है
उसी ने जीवन भरा है।
परा भी उसकी, उसी के
अंक सत्य यशोधरा है।

सुकृत के जल से विसिञ्चित
कल्प-किञ्चित् विश्व-उपवन,
उसी की निस्तन्द्र चितवन
चयन करने को हरा है।
गिरिपताक उपत्यका पर
हरित तृण से घिरी तन्वी
जो खड़ी है वह उसी की
पुष्पभरणा अप्सरा है।
जब हआ वञ्चित जगत में
स्नेह से, आमर्ष के क्षण,
स्पर्श देती है किरण जो,
उसी की कोमलकरा है।

[रचनाकाल : 1942 ई.। **अणिमा** में संकलित।]

जवाहरलाल!

वह था किशोरकाल।
दैव के चक्र से वक्रगति आ मिले,
मैं था सत्रह का, चौबीस के
जवाहरलाल!

किरण तारुण्य की
तिलक ललाट पर,
ब्याह नहीं हुआ शुभ्र
कमला से उस काल।

गीता की आवृत्ति करके
सुनायी मैंने,
मैं हूँ कवि आज, धन्य
नेता हैं जवाहरलाल!

['देशदूत', साप्ताहिक, प्रयाग, 21 नवम्बर, 1943। **असंकलित कविताएँ** में संकलित।]

रूप की धारा के उस पार

रूप की धारा के उस पार
कभी धँसने भी दोगे मुझे?
विश्व की श्यामल स्नेह-सँवार
हँसी हँसने भी दोगे मुझे?

निखिल के कान बसे जो गान
टूटते हैं जिस ध्वनि से ध्यान,
देह की वीणा का वह मान
कभी कसने भी दोगे मुझे?

शत्रुता से विश्व है उदास;
करों के दल की छाँह, सुवास
कली का मधु जैसा निस्त्रास
कभी फँसने भी दोगे मुझे?

वैर यह! बाधाओं से अन्ध!
प्रगति में दुर्गति का प्रतिबन्ध!
मधुर, उर से उर, जैसे गन्ध
कभी बसने भी दोगे मुझे?

[सम्भावित रचनाकाल : 1944 ई. का उत्तरार्ध। **बेला** में संकलित।]

साथ न होना। गाँठ खुलेगी...

साथ न होना। गाँठ खुलेगी, छुटेगा उर का सोना।
आँख पर चढ़े, कि लड़े, फिर लड़े;
जीवन के हुए और कोस कड़े;

प्राणों से हुआ हाथ धोना। साथ न होना।
गाँठ पड़ेगी, बरछी की तरह गड़ेगी;
मुरझाकर कली झड़ेगी।

पाना ही होगा खोना। साथ न होना।
हाथ बचा जा, कटने से माथ बचा जा,
अपने को सदा लचा जा;

सोच न कर मिला अगर कोना। साथ न होना।

[सम्भावित रचनाकाल : 1944 ई. का उत्तरार्ध। **बेला** में संकलित।]

वेश-रूखे, अधर-सूखे

वेश-रूखे, अधर-सूखे,
पेट-भूखे, आज आये।
हीन-जीवन, दीन-चितवन,
क्षीण आलम्बन बनाये।

तिमिर ने जब घेरकर
तुमको प्रकाश हरा तुम्हारा,
इस धरा के पार खोला द्वार
कृति ने, विश्व हारा;
जग गयी जनता, हुए लुण्ठित
मुकुट, जीवन सुहाये।

प्यास पानी से बुझाने को
बुझायी रक्त से जब,
आँख से आया लहू,
लोहा बजाया शक्त से जब,
रुण्डमुण्डों से भरे हैं खेत
गोलों से बिछाये।

['देशदूत', साप्ताहिक, प्रयाग, 14 जनवरी, 1945। **बेला** में संकलित।]

लू के झोंकों...

लू के झोंकों झुलसे हुए थे जो,
भरा दौंगरा उन्हीं पर गिरा।
उन्हीं बीजों के नये पर लगे,
उन्हीं पौधों से नया रस झिरा।

उन्हीं खेतों पर नये हल चले,
उन्हीं माथों पर नये बल पड़े,
उन्हीं पेड़ों पर नये फल फले,
जवानी फिरी जो पानी फिरा।

पुरवा हवा की नमी बढ़ी,
जुही के जहाँ की लड़ी कढ़ी,
सविता ने क्या कविता पढ़ी,
बदला है बादल से सिरा।

जग के अपावन धुल गये,
ढेले गड़नेवाले थे घुल गये,
समता के दृग दोनों तुल गये,
तपता गगन घन से घिरा।

[सम्भावित रचनाकाल : 1945 ई. का पूर्वार्ध। **बेला** में संकलित।]

काले-काले बादल छाये...

काले-काले बादल छाये, न आये वीर जवाहरलाल।
कैसे-कैसे नाग मँडलाये, न आये वीर जवाहरलाल,

बिजली फन के मन की कौंधी, कर दी सीधी खोपड़ी औंधी,
सर पर सरसर करते धाये, न आये वीर जवाहरलाल।

पुरवाई की हैं फुफकारें, छन-छन ये बिस की बौछारें,
हम हैं जैसे गुफा में समाये, न आये वीर जवाहरलाल।

महगाई की बाढ़ बढ़ आयी, गाँठ की छूटी गाढ़ी कमाई,
भूखे-नंगे खड़े शरमाये, न आये वीर जवाहरलाल।

कैसे हम बच पायें निहत्थे, बहते गये हमारे जत्थे,
राह देखते हैं भरमाये, न आये वीर जवाहरलाल।

[सम्भावित रचनाकाल : 18 जून, 1945। **बेला** में संकलित।]

किनारा वह हमसे...

किनारा वह हमसे किये जा रहे हैं।
दिखाने को दर्शन दिये जा रहे हैं।

जुड़े थे सुहागिन के मोती के दाने,
वही सूत तोड़े लिये जा रहे हैं।

छिपी चोट की बात पूछी तो बोले
निराशा के डोरे सिये जा रहे हैं।

जमाने की रफ़्तार में कैसा तूफ़ाँ,
मरे जा रहे हैं, जिये जा रहे हैं।

खुला भेद, विजयी कहाये हुए जो,
लहू दूसरे का पिये जा रहे हैं।

['हंस', मासिक, बनारस, दिसम्बर, 1945। **बेला** में संकलित।]

स्वर के सुमेरु से झरझरकर

स्वर के सुमेरु से झरझरकर
आये हैं शब्दों के शीकर।

कर फैलाये थी डाल-डाल
मञ्जरित हो गयी लता-माल,
वन-जीवन में फैला सुकाल,
बढ़ता जाता है तरु-मर्मर।

कानों में बतलायी चम्पा,
कमलों से खिली हुई पम्पा,
तट पर कामिनी कनक-कम्पा।
भरती है रँगी हुई गागर।

कलरव के गीत सरल शतशत
बहते हैं जिस नद में अविरत,
नाद की उसी वीणा से हत
होकर झंकृत हो जीवन-वर।

[**बेला** में संकलित।]

बन्दीगृह वरण किया...

बन्दीगृह वरण किया; जनता के हृदय जिया।

बहिर्जगत के निर्मम हरने के लिए नियम
साधन कितना उत्तम किया, जला दिया दिया।

उसका निर्मल प्रकाश करता है तिमिरनाश,
नारी-नर ने सहास ज्योतिर्मय अमृत पिया।

गीत से ध्वनित अन्तर, फैला फेनिल कल स्वर,
सत्य का तरंग-मुखर रहा सुघर वही जिया।

प्राणों में परम स्पन्द, भाषा में सुषम छन्द,
भरा चरण-गमन-मन्द जीवन विष-विषम-लिया।

[बेला में संकलित।]

बाहर मैं कर दिया गया हूँ...

बाहर मैं कर दिया गया हूँ। भीतर, पर, भर दिया गया हूँ।

ऊपर वह बर्फ गली है, नीचे यह नदी चली है;
सख्त तने के ऊपर नर्म कली है;
इसी तरह हर दिया गया हूँ। बाहर मैं कर दिया गया हूँ।

आँखों पर पानी है लाज का, राग बजा अलग-अलग साज का;
भेद खुला सविता के किरण-व्याज का;
तभी सहज वर दिया गया हूँ। बाहर मैं कर दिया गया हूँ।

भीतर, बाहर; बाहर भीतर; देखा जब से, हुआ अनश्वर;
माया का साधन यह सस्वर;
ऐसे ही घर दिया गया हूँ। बाहर मैं कर दिया गया हूँ।

[बेला में संकलित]

भेद कुल खुल जाय वह

भेद कुल खुल जाय वह
 सूरत हमारे दिल में है।

देश को मिल जाय जो
पूँजी तुम्हारी मिल में है।

हार होंगे हृदय के
खुलकर सभी गाने नये,
हाथ में आ जायगा
वह राज जो महफिल में है।

तर्स है यह, देर से
आँखें गड़ीं शृंगार में,
और दिखलायी पड़ेगी
जो गुराई तिल में है।

पेड़ टूटेंगे; हिलेंगे,
जोर की आँधी चली,
हाथ मत डालो, हटाओ
पैर, बिच्छू बिल में है।

ताक पर है नमक-मिर्चा,
लोग बिगड़े या बने,
सीख क्या होगी परायी
जब पिसाई सिल में है।

[बेला में संकलित]

जल्द-जल्द पैर बढ़ाओ...

जल्द-जल्द पैर बढ़ाओ, आओ, आओ।

आज अमीरों की हवेली
किसानों की होगी पाठशाला,

धोबी, पासी, चमार, तेली
खोलेंगे अँधेरे का ताला,
एक पाठ पढ़ेंगे, टाट बिछाओ।

यहाँ जहाँ सेठ जी बैठे थे
बनिये की आँख दिखाते हुए,
उनके ऐंठाये ऐंठे थे
धोखे पर धोखा खाते हुए,
बैंक किसानों का खुलाओ।

सारी सम्पत्ति देश की हो,
सारी आपत्ति देश की बने,
जनता जातीय वेश की हो,
वाद से विवाद यह ठने,
काँटा काँटे से कढ़ाओ।

[**बेला** में संकलित]

थोड़ों के पेटे में बहुतों को आना पड़ा

धूहों और गुफाओं और पत्थरों के घरों से
आजकल के शहरों तक, दुनियाँ ने चोली बदली।
बिजली और तार और भाप और वायुयान
उसके वाहन हुए।
जान खींची खानों से
कल और कारख़ानों से।
रामराज के पहले के दिन आये।
बानिज के राज ने लछमी को हर लिया।
टापू में ले चलकर रखा और क़ैद किया।
एक का डंका बजा,

बहुतों की आँख झपी।
लहलही धरती पर रेगिस्तान जैसा तपा।
जोत में जल छिपा,
धोखा छिपा, छल छिपा।
बदले दिमाग़ बढ़े,
ग़ोल बाँधे, घेरे डाले,
अपना मतलब गाँठा,
फिर आँखें फेर लीं।
जाल भी ऐसा चला।
कि थोड़ों के पेटे में बहुतों को आना पड़ा।

[नये पत्ते में संकलित]

राजे ने अपनी रखवाली की

राजे ने अपनी रखवाली की;
किला बनाकर रहा;
बड़ी-बड़ी फौजें रखीं।
चापलूस कितने सामन्त आये।
मतलब की लकड़ी पकड़े हुए।
कितने ब्राह्मण आये
पोथियों में जनता को बाँधे हुए।
कवियों ने उसकी बहादुरी के गीत गाये,
लेखकों ने लेख लिखे,
ऐतिहासिकों ने इतिहासों के पन्ने भरे,
नाट्यकलाकारों ने कितने नाटक रचे,
रंगमञ्च पर खेले।
जनता पर जादू चला राजे के समाज का।
लोक-नारियों के लिए रानियाँ आदर्श हुईं।
धर्म का बढ़ावा रहा धोखे से भरा हुआ।

लोहा बजा धर्म पर, सभ्यता के नाम पर।
खून की नदी बही।
आँख-कान मूँदकर जनता ने डुबकियाँ लीं।
आँख खुली—राजे ने अपनी रखवाली की।

[नये पत्ते में संकलित]

दगा की

चेहरा पीला पड़ा।
रीढ़ झुकी। हाथ जोड़े।
आँख का अँधेरा बढ़ा।
सैकड़ों सदियाँ गुजरीं।
बड़े-बड़े ऋषि आये, मुनि आये, कवि आये,
तरह-तरह की वाणी जनता को दे गये।
किसी ने कहा कि एक तीन हैं,
किसी ने कहा कि तीन तीन हैं।
किसी ने नसें टोईं, किसी ने कमल देखे।
किसी ने विहार किया, किसी ने अँगूठे चूमे।
लोगों ने कहा कि धन्य हो गये।
मगर खँजड़ी न गयी।
मृदंग तबला हुआ,
वीणा सुर-बहार हुई।
आज पियानो के गीत सुनते हैं।
पौ फटी।
किरनों का जाल फैला।
दिशाओं के होंठ रँगे
दिन में, वेश्याएँ जैसे रात में।
दगा की इस सभ्यता ने दगा की।

[नये पत्ते में संकलित]

चर्ख़ा चला

वेदों का चर्ख़ा चला,
सदियाँ गुज़रीं।
लोग-बाग़ बसने लगे,
फिर भी चलते रहे।
गुफ़ाओं से घर उठाये।
ऊँचे से नीचे उतरे।
भेड़ों से गायें रखीं।
जंगल से बाग़ और उपवन तैयार किये।
खुली ज़बाँ बँधने लगी।
वैदिक से सँवर-दी भाषा संस्कृत हुई।
नियम बने, शुद्ध रूप लाये गये,
अथवा जंगली सभ्य हुए वेशवास से।
कड़े कोस ऐसे कटे।
खोज हुई, सुख के साधन बढ़े—
जैसे उबटन से साबुन।

वेदों के बाद जाति चार भागों में बँटी,
यही रामराज है।
वाल्मीकि ने पहले वेदों की लीक छोड़ी
छन्दों में गीत रचे, मन्त्रों को छोड़कर,
मानव को मान दिया,
धरती की प्यारी लड़की सीता के गाने गाये।
कली ज्योति में खिली
मिट्टी से चढ़ती हुई।
"वर्जिन स्वैल", "गूड अर्थ", अब के परिणाम हैं।
कृष्ण ने भी ज़मीं पकड़ी,
इन्द्र की पूजा की जगह

गोवर्धन को पुजाया;
मानवों को, गायों और बैलों को मान दिया।

हल को बलदेव ने हथियार बनाया,
कन्धे पर डाले फिरे।
खेती हरी-भरी हुई।
यहाँ तक पहुँचते अभी दुनियाँ को देर है।

[नये पत्ते में संकलित।]

झींगुर डटकर बोला

गान्धीवादी आये,
कांग्रेसमैन टेढ़े के;
देर तक, गान्धीवाद क्या है, समझाते रहे
देश की भक्ति से
निर्विरोध शक्ति से,
राज अपना होगा;
जमींदार, साहूकार अपने कहलायेंगे
शासन की सत्ता हिल जायगी;

हिन्दू और मुसलमान,
वैरभाव भूलकर जल्द गले लगेंगे,
जितने उत्पात हैं,
            नौकरों के लिए हुए;
            जब तक इनका कोई
            एक आदमी भी होगा,
            चूल नहीं बैठने की।
इस प्रकार जब बघार चलती थी,
जमींदार का गोड़इत

दोनाली लिये हुए
एक खेत फासले से
गोली चलाने लगा।
भीड़ भगने लगी।
कान्स्टेबल खड़ा हुआ ललकारता रहा।
झींगुर ने कहा,
"चूँकि हम किसान-सभा के,
भाईजी के मददगार
जमींदार ने गोली चलवायी
पुलिस के हुक्म की तामीली को।
ऐसा यह पेच है।"

[नये पत्ते में संकलित]

देवी सरस्वती

मानव का मन विश्वजलधि,
आत्मा सित शतदल,
विकच दलों पर अधर
सुहाये सुघर चरणतल;
वीणा दो हाथों में,
दो में पुस्तक, नीरज;
जादू के जीवन के
शोभन स्वर, जैसे स्रज्।
नील वसन, शुभ्रतर
ज्योति से खिला हुआ तन,
एक तार से मिला
चराचर से शाश्वत मन।
हंस चरणतल तैर रहा है
लघूर्मियों पर,

सुनता हुआ तीव्र-मृदु
झंकृत वीणा के स्वर।
सामगीत गाये आर्यों ने
तुम्हें मानकर,
किया समाहित चित्त
ज्ञान-धन तुम्हें जानकर।
एक तुम्हारी अर्चा
सहज ऋचाओं से की,
चरणों पर पुष्पों की
माला की अञ्जलि दी।
सरल, निरंकुश देवी तुम
आर्यों की, विमले,
कौन विश्व में जो
सकाम जीवन में कम ले?
शुभ्रे, कुल रंगों की,
रागों की, शब्दों की,
नित्यनवीना हो
वन्दित यद्यपि अब्दों की
ऋतु के पुष्प
भिन्न गन्धों से बसा दिये हैं
जग के दुख के मुरझाये मुख
हँसा दिये हैं।

तुम वर्षा हो,
हार बलाकाओं की पाँतें;
वन की शाखा की
पत्रों से टपकी आँखें;
उतराई सरिताएँ;
मोर तटों-पर-नाचे;

गुञ्जित-अलि-कलि-गन्ध छोर
    अवनी के आँचे;
झूले हँसी-हिंडोले,
    सावन के, भादों के;
बालाओं के स्रोत
    बहाये संगीतों के;
घन - मृदग - वादन
    विद्युत के करों निपुणतर;
नृत्य परी का जैसे
    अर्जुन के अर्जन पर;
जल-तरंग; खग-कुल-कलरव
    बोल के मधुर स्वर;
दृश्यावली सुघर;
    दर्शक-दर्शिका मनोहर;
जग के सर से
    सरस्वती शत-शत रूपों की
निकली क्षिप्र-मन्द-गति,
    रंगों की, भूपों की।
बीजों से जैसे अंकुर,
    अंकुर से पल्लव,
पल्लव से शाखा, शाखा से,
    द्रुम, द्रुम से नव
पुष्प और फल
    ऐसे बढ़े धान खेतों में
जल पर हरे खेत जैसे,
    ज्वारी नेतों में।
अरहर, काकुन, सावाँ,
    उड़द और कोदों की
खेती लहरायी।
    बन आयी है आमों की।

निकले कमल सरों में
और करँबुए लहरे;
आये खग; ऊँचे-ऊँचे
पेड़ों पर ठहरे।
खेत निराती हैं बालाएँ
लिये खुरपियाँ
गाती बारहमासी
सावन और कजलियाँ।
जुही मुस्करायी। नागन
बलखायी आयी
मन्द गन्ध से पुरवाई
डस गयी सुहायी

शरत् पंकजों से,
खञ्जन-नयनों से प्रेक्षण,
हरसिंगार के हार
विश्व के द्वार प्रतीक्षण,
नमित शालि से भरी हुई,
सुन्दर - वन - वसना,
श्वेत - शशि - मुखी,
जगती पर मधुराधर-हसना।
कृषकों की आशा से,
श्रम से जीवन-सम्बल,
धन से, धारा से, धान्य से,
धरा का कृषि-फल।
सिमटा पानी खेतों का;
ओठ पर चले हल;
पाँसे खेत, किये जो गये
जोतकर मखमल।

डाले बीज चने के, जौ के
और मटर के,
गेहूँ के, अलसी-राई-
सरसों के, कर से।
ऐसे बाह-बाह की वीणा
बजी सुहायी,
पौधों की रागिनी सजीव
सजी सुखदाई।
सुख के आँसू दुखी
किसानों की जाया के
भर आये आँखों में
खेती की माया से।
हरीभरी खेतों की
सरस्वती लहरायी,
मग्न किसानों के घर
उन्मद बजी बधाई।
खुली चाँदनी में डफ
और मजीरे लेकर
बैठे गोल बाँधकर
लोग बिछे खेसों पर,
गाने लगे भजन कबीर के,
तुलसिदास के,
धनुषभंग के, और राम के
बनोबास के।
कतकी में गंगा-नहान की
बढ़ी उमंगें
सजीं गाड़ियाँ, चले लोग,
मन चढ़ती चंगें
मेले में, खेती के
कुछ सामान ख़रीदे,

देखे हाथी-घोड़े-रब्बे,
लौटे सीधे।

कुन्दों के विकास के
शुभ्र हास पर उतरीं
ओस बिन्दुओं से शीतल
हेमन्त की परी,
भू की तुम्हीं हरित नभ पर
हो श्वेत मञ्जरी,
मन्द - गन्ध - सञ्चरिता,
शीता, ऋता, किन्नरी।
बाग़ बाग़, वन-वन, रन की
सुगन्ध-मद पीकर
झूम रही हो हिम-शीकर
पल्लव-पल्लव पर
स्निग्ध पवन में;
शस्य-शीर्ष से उठी हुई तुम
मटर-पुष्प के सौरभ-धन से,
लुटी हुई तुम,
सरसों के पीले पुष्पों की
साड़ी पहने,
अलसी के नीले फूलों की
रेखा जिसमें।

प्रखर शीत के शर से
जग को बेधा तुमने,
हरीतिमा के पत्र-पत्र को
छेदा तुमने।
शीर्ण हुईं सरिताएँ;
साधारण जन ठिठुरे;

रहे घरों में जैसे हों,
बाग़ों में गिठुरे।
छिना हुआ धन, जिससे
आधे नहीं वसन तन,
आग तापकर
पार कर रहे हैं गृह-जीवन।
उनको दिखा रही हो,
तारे टूट रहे हैं।
पत्तों के, डाल के
सहारे छूट रहे हैं।
जीवन फिर दूसरा
उन्हें पल्लवित करेगा,
किसी अस्त्र से
अन्न-वस्त्र के दुःख हरेगा।
ज़मींदार की बनी,
महाजन धनी हुए हैं,
जग के मूर्त पिशाच
धूर्तगण ग़नी हुए हैं।
विश्वरूपिणी तुम हो,
तुम्हें मूर्ति में रचकर
पूजा की वसन्त के दिन
दीनता - विकच - कर,
गीत और वाद्य से
बड़ी सामाजिकता की,
फूलों की अञ्जलि दी,
गंगा की सिकता की
वेदी रची; मन्त्र पढ़कर
घृत-यव लेकर कर
किया स्वस्त्ययन, हवन,
विसर्जन अन्तिम सुन्दर।

नव पल्लवित वसन्त
धरा पर आया सुखकर।
फूटी तुम नव-किसलय-दल से
वृन्त-वृन्त पर।
कूजित पिक-उर-मधुर कण्ठ;
कुण्ठा सब टूटी;
मुक्त समीरण से धीरता
धरा की छुटी।
पके खेत, सोने के
जैसे अञ्चल लहरे,
नव मनोज के मनोभाव
लोगों में घहरे।
प्रतिसंध्या समवेत हुए
ग्रामीण सभ्यजन
ढोलक और मजीरे पर
करते हैं गायन;
फाग हो रहा, उठा रहे हैं
धुन धमार की,
होली, चैती, लेज,
गा रहे हैं सवाँर की।
बौरे आमों की सुगन्ध
धरती पर छायी,
नये वर्ष का हर्ष भरा,
चाँदनी सुहायी।
रबी कटी आम के तले
खलिहान लगाया,
चना, मटर, जौ, गेहूँ सरसों
कटकर आया।
पड़ी चारपाई, जिस पर
बैठा तकवाहा

चूल्हा वहीं कहीं लगवाया
जिसने चाहा
ज़रा दूर मेड़ के किनारे,
जैसे बस्ती
बसी, लगे खलिहान,
सुवेशा जैसे मस्ती।

ग्रीष्म तापमय, लू की
लपटों की दोपहरी
झुलसाती किरणों की,
वर्षों की आ ठहरी,
तुम हो शीतल कूप-सलिल,
जामुन - छाया - तल,
लदे आम के बाग़ों से
जीवन का सम्बल।
गेहूँ, चने, मटर, मड़कर
घर आये। अतिशय
दिखा ग्राम में जहाँ नहीं
साधन या सञ्चय;
नहीं दीक्षा जन-समाज की,
नहीं प्रीतिकर
शासन, समाराधना
वहीं और भी दुस्तर।
शहरों की बिजली से
झुलसी जनता की रट,
उठते क़दमों की,
भगती तेज़ी से सरपट,
रुद्र ताल की, भैरव जैसी,
रण की छाया,

नाच रही हो भिन्न जगत् की
जैसे काया।
हर चक्र के विवर्तन से
वर्ष का जन्म कल
उगा रहा है गति के
क्रम-उपक्रम का शतदल;

ऊपर तुम नीलाम्बर-
आभा में सित तन्वी
सायक चढ़ी हुई हो
जनता का जी धन्वी।
वाल्मीकि का क्रौञ्च-मिथुन;
व्यास का जन्म-फल;
कालिदास की दशा;
हर्ष का मर्षण उत्कल;
नवालोक मञ्जुलतर;
बकुलों से जैसे तुम
टूटीं शब्द-शब्द पर
छन्द-छन्द पर, कुंकुम
उड़ते हैं पराग,
झंकारी अन्तस्तल से,
जीवन की वीणा के
तारों के मंगल से।
राग-रंग की रामायण
दुख की गाथा से
पूरी हुई; सँभाले
जैसे स्वर भाषा के
अधिक मनोहर, वीरजाति के
चित्र सुघरतर

बृहद्‌रूप से खिले हुए,
मृदु-मृदु वल्कल पर
खिली सभ्यता।
महाभारतीया कुछ बदली,
जैसे भिन्न रूप की,
भिन्न गन्ध की कदली,
सीता और द्रौपदी,
अर्जुन और राम से,
एक और बहु पतियों के
व्रत और काम से।
भारत की प्रान्तीय
सभ्यता का आलेखन,
राजनीति का जीवन,
जगती का सम्मोहन।
श्री-समृद्धि का कालिदास में
अमृतास्वादन,
साहित्यिकता में
धार्मिकता का सम्वादन।
हर्ष प्रौढ़ता की पीढ़ी,
कविकम्बु स्वयम्भू,
रामायण के मौलिक,
प्राकृत - शम्भु - स्वयम्भू—
भिन्न रूप की राम-कथा के
कविर्मनीषी,
श्रीतुलसी तक सहस्राब्दि के
रविर्मनीषी।
उसी छन्द में उसी प्रकार
किया है अन्तर
तुलसिदास ने महाकाव्य
लिखकर मन्वन्तर,

भक्ति-भावना से रचना
आलोक-समन्वित
हुई उसी स्वाधीन
चेतना से उत्कल-चित।
सूरदास के गीत,
रसों के स्रोत निरन्तर,
फूटीं सरिताएँ,
उमड़ा शशधर से सागर।
मीरा की मानसी
गीतिका सहृदयता की
छवि से भरी हुई
निरवधि कलियों की राखी।
ज्ञानालोक विकीर्ण हुआ
कबीर से, निर्झर
फूटे कितने, ज्ञानदास के,
दादू के स्वर।
तुम्हीं चिरन्तन जीवन की
उन्नायक, भविता,
छवि विश्व की मोहिनी,
कवि की सनयन कविता।

[नये पत्ते में संकलित]

महगू महगा रहा

आजकल पण्डितजी देश में बिराजते हैं।
माताजी को स्वीटज़रलैंड के अस्पताल,
तपेदिक के इलाज के लिए छोड़ा है।
बड़े भारी नेता हैं।

कुइरीपुर गाँव में व्याख्यान देने को
आये हैं मोटर पर
लण्डन के ग्रैज्युएट,
एम. ए. और बैरिस्टर,
बड़े बाप के बेटे,
बीसियों भी पर्तों के अन्दर, खुले हुए।
एक-एक पर्त बड़े-बड़े विलायती लोग।
देश की भी बड़ी-बड़ी थातियाँ लिये हुए।
राजों के बाजू पकड़, बाप की वकालत से;
कुर्सी रखनेवाले अनुल्लंघ्य विद्या से
देशी जनों के बीच;
लेंड़ी जमींदारों को आँखों तले रक्खे हुए;
मिलों के मुनाफे खानेवालों के अभिन्न मित्र;
देश के किसानों, मजदूरों के भी अपने सगे
विलायती राष्ट्र से समझौते के लिए।
गले का चढ़ाव बोर्झुआजी का नहीं गया।
धाक, रूस के बल से ढीली भी, जमी हुई;
आँख पर वही पानी;
स्वर पर वही सँवार।
गाँव के अधिक जन कुली या किसान हैं;
कुछ पुराने परजे जैसे धोबी, तेली, बढ़ई,
नाई, लोहार, बारी, तरकिहार, चुड़िहार,
बेहना, कुम्हार, डोम, कुइरी, पासी, चमार,
गंगापुत्र, पुरोहित, महाबाह्मण, चौकीदार;
कामकाज, दीवाली-जैसे परबों के दिन
मनों ले जानेवाले पिछली परिपाटी से;
हुए, मरे, ब्याह में दीवाला लाते हुए,
जमींदार के वाहन।
बाकी परदेश में कौड़ियों के नौकर हैं

महाजनों के दबैल,
स्वत्व बेचकर विदेशी माल बेचनेवाले;
शहरों के सभासद।
ऐसे ही प्रकार के प्राकार से घिरे
लोगों में भाषण है।
जब भी अफीम, भाँग, गाँजा, चरस, चण्डू, चाय,
देशी और विलायती तरह-तरह की शराब
चलती है मुल्क में,
फिर भी आजादी की हाँक का नशा बड़ा;
लोगों पर चढ़ता है।
विपत्तियाँ कई हैं घूस और डण्डे की;
उनसे बचने के लिए
रास्ता निकाला है, सभाओं में आते हैं
गाँवों के लोग कुल।
एक-एक आ गये।
पण्डितजी कांग्रेस के चुनाव पर बोले :
आजादी लेते हैं, एक साल और है;
आततायियों से देश पिस-पिसकर मिट गया;
हमको बढ़ जाना है;
चैन नहीं लेना है जब तक विजयी न हों।
जनता मन्त्रमुग्ध हुई।
जमींदार भी बोले जेल हो-आनेवाले,
कांग्रेस उम्मीदवार। सभा विसर्जित हुई।
महगू सुनता रहा।
कम्पू को लादता है लकड़ी, कोयला, चपड़ा।
लुकुआ ने महगू से पूछा, "क्यों हो महगू, कुछ
अपनी तो राय दो?
आजकल, कहते हैं, ये भी अपने नहीं?"
"महगू ने कहा, हाँ, कम्पू में किरिया के

गोली जो लगी थी,
उसका कारण पण्डितजी का शागिर्द है;
रामदास को कांग्रेस मैन बनानेवाला,
जो मिल का मालिक है।
यहाँ भी वह जमींदार, बाजू से लगा ही है।
कहते हैं, इनके रुपये से ये चलते हैं,
कभी-कभी लाखों पर हाथ साफ करते हैं।"
लुकुआ घबरा गया। "भला फिर हम कहाँ जायँ?"
महगू ने प्रश्न किया।
महगू ने कहा, "एक उड़ी खबर सुनी है,
हमारे अपने हैं यहाँ बहुत छिपे हुए लोग,
मगर चूँकि अभी ढीला-पोली है देश में,
अखबार व्यापारियों ही की सम्पत्ति हैं,
राजनीति कड़ी से भी कड़ी चल रही है,
वे सब जन मौन हैं इन्हें देखते हुए;
जब ये कुछ उठेंगे,
और बड़े त्याग के निमित्त कमर बाँधेंगे,
आयेंगे वे जन भी देश के धरातल पर,
अभी अखबार उनके नाम नहीं छापते।
ऐसा ही पहरा है।"
"तो फिर कैसा होगा?" लुकुआ ने प्रश्न किया।
"जैसा तू लुकुआ है, वैसा ही होना है,
बड़े-बड़े आदमी धन-मान छोड़ेंगे,
तभी देश मुक्त है,
कवि जी ने पढ़ा था, जब तुम बदले नहीं;
अपने मन में कहा मैंने, मैं महगू हूँ,
पैरों की धरती आकाश को भी चली जाय,
मैं कभी न बदलूँगा, इतना महगा हूँगा।"

['नया साहित्य', बम्बई, अंक 4, 1946 ई. (पूर्वार्ध)। **नये पत्ते में संकलित**।]

मेघ मल्लार-2

श्याम घटा घन घिर आयी।
पुरवाई फिर फिर आयी।

बिजली कौंध रही है छन-छन,
काँप रहा है उपवन-उपवन,
चिड़ियाँ नीड़-नीड़ में निःस्वन,
सरित-सजलता तिर आयी।

गृहमुख बूँदों के दल टूटे,
जल के विपुल स्रोत थल छूटे,
नव-नव सौरभ के दव फूटे,
श्री जग-तरु के सिर आयी।

['संगम', साप्ताहिक, इलाहाबाद, 7 अगस्त, 1949। **असंकलित कविताएँ** में संकलित।]

शिशिर की शर्वरी

शिशिर की शर्वरी,
हिंस्र पशुओं भरी।

ऐसी दशा विश्व की विमल लोचनों
देखी, जगा त्रास, हृदय संकोचनों
काँपा कि नाची निराशा दिगम्बरी।

मातः, किरण हाथ प्रातः बढ़ाया
कि भय के हृदय से पकड़कर छुड़ाया,
चपलता पर मिली अपल थल की तरी।

[रचनाकाल : 15 जनवरी, 1950। 'ज्योत्स्ना', मासिक, पटना, अप्रैल-मई, 1951, में प्रकाशित। **अर्चना** में संकलित।]

आशा-आशा मरे

आशा-आशा मरे
लोग देश के हरे!

देश पड़ा है जहाँ,
सभी झूठ है वहाँ,
भूख-प्यास सत्य,
होंठ सूख रहे हैं अरे!

आस कहाँ से बँधे?
साँस कहाँ से सधे?
एक-एक दास,
मनस्काम कहाँ से सरे?

रूप-नाम हैं नहीं,
कौन काम तो सही?
मही-गगन एक,
कौन पैर तो यहाँ धरे?

[रचनाकाल : 15 जनवरी, 1950। **अर्चना** में संकलित।]

फूटे हैं आमों में बौर

फूटे हैं आमों में बौर,
भौंर वन-वन टूटे हैं।
होली मची ठौर-ठौर,
सभी बन्धन छूटे हैं।

फागुन के रंग-राग,
बाग-वन फाग मचा है,

भर गये मोती के झाग,
जनों के मन लूटे हैं।

माथे अबीर से लाल,
गाल सेंदुर के देखे,
आँखें हुई हैं गुलाल,
गेरू के ढेले कूटे हैं।

[रचनाकाल : 21 जनवरी, 1950। **अर्चना** में संकलित]

बाँधो न नाव इस ठाँव, बन्धु!

बाँधो न नाव इस ठाँव, बन्धु!
पूछेगा सारा गाँव, बन्धु!

यह घाट वही जिस पर हँसकर,
वह कभी नहाती थी धँसकर,
आँखें रह जाती थीं फँसकर,
कँपते थे दोनों पाँव, बन्धु!

वह हँसी बहुत कुछ कहती थी,
फिर भी अपने में रहती थी,
सबकी सुनती थी, सहती थी,
देती थी सबके दाँव, बन्धु!

[रचनाकाल : 23 जनवरी, 1950। **अर्चना** में संकलित]

गीत गाने दो मुझे तो

गीत गाने दो मुझे तो,
वेदना को रोकने को।

चोट खाकर राह चलते
होश के भी होश छूटे,
हाथ जो पाथेय थे, ठग-
ठाकुरों ने रात लूटे,
कण्ठ रुकता जा रहा है,
आ रहा है काल देखो।

भर गया है जहर से
संसार जैसे हार खाकर,
देखते हैं लोग लोगों को
सही परिचय न पाकर,
बुझ गयी है लौ पृथा की,
जल उठो फिर सींचने को।

[रचनाकाल : 6 फरवरी, 1950। **अर्चना** में संकलित।

अट नहीं रही है

अट नहीं रही है
आभा फागुन की तन
सट नहीं रही है।

कहीं साँस लेते हो,
घर-घर भर देते हो,
उड़ने को नभ में तुम
पर - पर कर देते हो,
आँख हटाता हूँ तो
हट नहीं रही है।
पत्तों से लदी डाल
कहीं हरी, कहीं लाल,

कहीं पड़ी है उर में
मन्द-गन्ध-पुष्प-माल,
पाट-पाट शोभा-श्री
पट नहीं रही है।

[रचनाकाल : 7 फरवरी, 1950। अर्चना में संकलित।]

प्रिय के हाथ लगाये जागी

प्रिय के हाथ लगाये जागी,
ऐसी मैं सो गयी अभागी।

हरसिंगार के फूल झर गये,
कनक रश्मि से द्वार भर गये,
चिड़ियों के कल कण्ठ मर गये,
भस्म रमाकर चला विरागी।

शिशु-गण अपने पाठ हुए रत,
गृही निपुण गृह के कर्मों नत,
गृहिणी स्नान-ध्यान को उद्यत,
भिक्षुक ने घर भिक्षा माँगी।

[रचनाकाल : 7 फरवरी, 1950। **अर्चना** में संकलित।]

आज मन पावन हुआ है

आज मन पावन हुआ है,
जेठ में सावन हुआ है।

अभी तक दृग बन्द थे ये,
खुले उर के छन्द थे ये,

सजल होकर बन्द थे ये,
राम अहिरावण हुआ है।

कटा था जो पटा रहकर,
फटा था जो सटा रहकर,
डटा था जो हटा रहकर,
अचल था, धावन हुआ है।

[रचनाकाल : 26 अगस्त, 1952। 'अवन्तिका', मासिक, पटना, नवम्बर, 1952, में प्रकाशित। **आराधना** में संकलित।]

दुखता रहता है अब जीवन

दुखता रहता है अब जीवन;
पतझड़ का जैसा बन-उपवन।

झर-झरकर जितने पत्र नवल
कर गये रिक्त तनु का तरुदल,
हैं चिह्न शेष केवल सम्बल,
जिनसे लहराया था कानन।

डालियाँ बहुत-सी सूख गयीं,
उनकी न पत्रता हुई नयी,
आधे से ज्यादा घटा विटप
बीज को चला है ज्यों क्षण-क्षण।

यह वायु बसन्ती आयी है
कोयल कुछ क्षण कुछ गायी है,
स्वर में क्या भरी बुढ़ाई है,
दोनों ढलते जाते उन्मन।

[रचनाकाल : 19 सितम्बर, 1952। 'राका-4', मुजफ्फरपुर, 1953, में प्रकाशित। **आराधना** में संकलित।]

सुख का दिन डूबे डूब जाय

सुख का दिन डूबे डूब जाय।
तुमसे न सहज मन ऊब जाय।

खुल जाय न मिली गाँठ मन की,
लुट जाय न उठी राशि धन की,
धुल जाय न आन शुभानन की,
सारा जग रूठे रूठ जाय।

उलटी गति सीधी हो न भले,
प्रति जन की दाल गले न गले,
टाले न बान यह कभी टले,
यह जान जाय तो खूब जाय।

[रचनाकाल : 14 नवम्बर, 1952। 'सा., हिन्दुस्तान', नयी दिल्ली, 14 दिसम्बर, 1952, में प्रकाशित। **आराधना** में संकलित।]

भग्न तन, रुग्ण मन

भग्न तन, रुग्ण मन,
जीवन विषण्ण वन।

क्षीण क्षण-क्षण देह,
जीर्ण सज्जित गेह,
घिर गये हैं मेह,
प्रलय के प्रवर्षण।

चलता नहीं हाथ,
कोई नहीं साथ,

उन्नत, विनत माथ,
दो शरण, दोषरण।

[रचनाकाल : 8 दिसम्बर, 1952। 'नया पथ', मासिक, लखनऊ, सितम्बर, 1956, में प्रकाशित। **आराधना** में संकलित।]

ऊँट-बैल का साथ हुआ है

ऊँट-बैल का साथ हुआ है;
कुत्ता पकड़े हुए जुआ है।

यह संसार सभी बदला है;
फिर भी नीर वही गदला है,
जिससे सिंचकर ठण्ढा हो तन,
उस चित-जल का नहीं सुआ है।

रूखा होकर ठिठुर गया है।
जीवन लकड़ी का लड़का है।
खोले कोंपल, फले फूलकर
तरु-तल वैसा नहीं कुआँ है।

[रचनाकाल : 15 दिसम्बर, 1952। 'प्रकाश', साप्ताहिक, पटना, 18 मार्च, 1953, में प्रकाशित। **आराधना** में संकलित।]

मानव जहाँ बैल-घोड़ा है

मानव जहाँ बैल-घोड़ा है,
कैसा तन-मन का जोड़ा है?

किस साधन का स्वाँग रचा यह,
किस बाधा की बनी त्वचा यह,

देख रहा है विज्ञ आधुनिक
वन्य भाव का यह कोड़ा है।

इस पर से विश्वास उठ गया,
विद्या से जब मैल छुट गया,
पक-पककर ऐसा फूटा है,
जैसा सावन का फोड़ा है।

[रचनाकाल : 16 दिसम्बर, 1952। **आराधना** में संकलित।]

जय तुम्हारी देख भी ली

जय तुम्हारी देख भी ली
रूप की गुण की, रसीली।

वृद्ध हूँ मैं, ऋद्धि की क्या,
साधना की, सिद्धि की क्या,

खिल चुका है फूल मेरा,
पखड़ियाँ हो चलीं ढीली।

चढ़ी थी जो आँख मेरी,
बज रही थी जहाँ भेरी,

वहाँ सिकुड़न पड़ चुकी है।
जीर्ण है वह आज तीली।

आग सारी फुक चुकी है,
रागिनी वह रुक चुकी है,

स्मरण में है आज जीवन,
मृत्यु की है रेख नीली।

[रचनाकाल : 24 अगस्त, 1958। 'सरस्वती', मासिक, प्रयाग, अक्तूबर, 1958, में प्रकाशित। **सांध्य-काकली** में संकलित।]

पत्रोत्कण्ठित जीवन का...

पत्रोत्कण्ठित जीवन का विष बुझा हुआ है
आशा का प्रदीप जलता है हृदय-कुंज में,
अन्धकार पथ एक रश्मि से सुझा हुआ है
दिङ्‌निर्णय ध्रुव से जैसे नक्षत्र-पुंज में।
लीला का सम्वरण-समय फूलों का जैसे
फलों फले या झरे अफल, पातों के ऊपर
सिद्ध योगियों जैसे या साधारण मानव,
ताक रहा है भीष्म शरों की कठिन सेज पर।
स्निग्ध हो चुका है निदाघ, वर्षा भी कर्षित,
कल शारद कल्य की, हैम लोमों आच्छादित,
शिशिर भिद्य, बौरा वसन्त आमों आमोदित;
बीत चुका है दिक्‌चुम्बित चतुरंग, काव्य, गति,
यतिवाला, ध्वनि, अलंकार, रस, राग बन्ध के
वाद्य-छन्द के रणित गणित छुट चुके हाथ से—
क्रीड़ाएँ व्रीणा में परिणत। मल्ल भल्ल की
मारें मूर्छित हुईं। निशाने चूक गये हैं।
झूल चुकी है खाल—ढाल की तरह तनी थी।
पुनः सबेरा एक और फेरा है जी का।

[सम्भावित रचनाकाल : अगस्त-अक्तूबर, 1961। **सांध्य-काकली** में संकलित।]